ZUR KOMPOSITION DES BUCHES JEREMIA

VON

SIGMUND MOWINCKEL

WIPF & STOCK · Eugene, Oregon

Wipf and Stock Publishers
199 W 8th Ave, Suite 3
Eugene, OR 97401

Zur Komposition des Buches Jeremia
By Mowinckel, Sigmund

ISBN 13: 978-1-61097-920-7
Publication date 2/15/2012
Previously published by Jacob Dybwad, 1913

Züge des geschilderten zukünftigen Zustandes sind kaleidoskopisch durcheinander gewürfelt. Es ist auch meistens sehr kurz, 2—5, weniger häufig 10—12, selten mehr als 15—20 Verse. Jedes Orakel für sich bildet eine völlig abgeschlossene Einheit, und hat nichts mit den umstehenden zu tun; der Zusammenhang zwischen den einzelnen Orakeln desselben Kapitels besteht, wenn überhaupt ein solcher vorhanden ist, im besten Fall darin, daß sie aus derselben Situation heraus entsprungen und gesprochen sind oder auf dasselbe geschichtliche Ereignis Bezug nehmen. Die verschiedenen Orakel sind ganz lose und meistens ohne Verbindungsformeln aneinander gereiht. Und wo ein »denn« oder »deshalb« oder »denn so sagt Jhwh« zwei Stücke verbindet, zeigt es sich sehr häufig bei näherer Untersuchung, daß dieses Bindewort eben nur ein redaktionelles Bindewort, und dazu ein sehr unglücklich angebrachtes ist. Mangelnder Zusammenhang und große Widersprüche gehören daher zum Wesen der Prophetenbücher, und bieten keinen berechtigten Anhalt für eine Kritik, die zwischen »echt« und »unecht« unterscheidet. Ebensowenig läßt sich daraus ein allgemeines Kriterium einer Untersuchung zwischen ursprünglichen und späteren Bestandteilen des betreffenden Buches gewinnen; es gibt natürlich solche Fälle, wo das möglich ist; im allgemeinen muß man aber nach anderen literarischen Kriterien Umschau halten. Eine Methode, die bei einem Erzählungsstoff ihre volle Berechtigung hat, muß mit Notwendigkeit bei den Prophetenbüchern scheitern.

Es fragt sich dann, wie man einen Einblick in das Werden dieser Bücher gewinnen kann. Denn daß es keine Originalschriften, auch nicht Werke aus einen Guß sind, liegt bei den meisten von ihnen auf der Hand und wird wohl auch allgemein zugegeben, jedenfalls in der Theorie. Es muß meines Erachtens zugegeben werden, daß es eine allgemein gültige Methode hier nicht gibt. Die Frage nach der Entstehung z. B. des Buches Hosea wird nie befriedigend gelöst werden können, es sei denn, daß irgend ein Papyrusfund eine ältere Gestalt des Buches zu Tage bringen würde. — —

1. Die Frage nach der Kritik des Buches Jeremia hat ein besonderes Interesse. Das Buch nimmt unseres Wissens unter den uns überlieferten Prophetenbüchern eine Sonderstellung ein, insofern als der Verfasser selbst im 4. Jahre Jojakims den Anlaß zur Aufzeichnung einiger seiner Orakel gegeben hat; davon kann höchstens beim Buche Ez noch die Rede sein: ich halte übrigens die »Authentizität« dieses letzteren Buches durchaus nicht für sicher. Zweitens hat die Aufgabe den vollen Reiz einer bisher ungelösten Schwierigkeit. »Diese (d. h. die hebräische) Gestalt (des Buches Jir.) hat noch kein Mensch rationell zu erklären vermocht: nament-

Die Frage nach der Komposition der prophetischen Bücher ist bis jetzt keineswegs befriedigend beantwortet, ja in den meisten Fällen kaum aufgeworfen worden. Vom Pentateuch herkommend hat die Kritik meistens zwei grundsätzliche Irrtümer begangen. Sie hat einerseits in nicht geringem Grade die Prophetenbücher als logisch geordnete und gegliederte Schriften betrachtet, in denen ein einheitlicher »Plan« zu finden sei, und jedenfalls bei den prophetischen »Reden«, die meistens viel zu umfangreich angesetzt worden sind, hat sie einen straffen »Zusammenhang«, eine wohl gegliederte Disposition und einen logischen Gedankenfortschritt finden wollen. Sie hat es nun als ihre Aufgabe betrachtet, alle »fremden« Bestandteile, die mit diesem Plan und Zusammenhang in Widerspruch standen, daraus zu entfernen, ohne darauf zu achten, daß dieser Zusammenhang meistens gar nicht vorhanden war. Zweitens hat die Kritik es sich zur Aufgabe gemacht, zwischen »echt und unecht« zu unterscheiden, und hat bewußt oder unbewußt ihr Urteil über die »Echtheit« zur maßgebenden Norm in der Frage nach der Komposition gemacht.

Diese Irrtümer haben zwei Hauptursachen. Man hat das Wesen sowohl der prophetischen Bücher als der prophetischen Orakel (»Reden«, wie man sie meistens nennt) verkannt. Man hat erstens die Propheten als Bücherschreiber aufgefaßt und sie Schriftpropheten genannt; man sucht daher in ihren Büchern einem »echten«, einem authentischen Grundstock nachzuspüren. Tatsächlich wissen wir aber nur von einem einzigen Propheten, daß er selber seine Orakel ausgegeben hat. Als Hauptregel muß gelten: die Prophetenbücher sind Sammlerwerke, wie es die Evangelien sind. Was nun zweitens das Wesen des prophetischen (nabiistischen) Orakels betrifft, so ist dies weder eine wohlgegliederte, logisch geordnete Rede, noch ein Aufsatz; es ist eine ekstatische Vision, eine enthusiastisch fließende Rede; es bewegt sich nicht in Begriffen, sondern in anschaulichen Bildern, in halb mystischen Andeutungen, in krampfhaft zuckenden, lose aneinander gereihten Worten. Das echte Orakel hat keine Disposition, keine vorwärts schreitende Gedankenfolge; die Bilder, die charakteristischen lich Kap. 26—36 sind ein ungelöstes Rätsel« — lautet des Urteil CORNILLS. Wenn ich auch nicht glaube, durch die folgenden Ausführungen alle literarischen Probleme des Buches gelöst zu haben, so hoffe ich doch, Wege gewiesen zu haben, die dem Ziele näher führen.

Es kann nun aber zunächst nicht die Aufgabe der Kritik sein, das ursprüngliche Jeremiabuch (die »Urrolle«) wieder herzustellen; eine solche Aufgabe wäre einfach unlösbar. Daß es nicht dieses Buch ist, das uns vorliegt, bedarf keines Beweises; denn eine große Zahl der darin entheltenen Orakel und Ereignisse stammen aus einer späteren Zeit als dem 4. Jahre Jojakims. Daß das Buch Jir. nicht ein Werk aus einem Gusse ist, liegt auf der Hand. Das Buch hat nicht nur keine erkennbare Disposition, es herscht im Gegenteil darin sogar eine auffällige Planlosigkeit. Nach einem einleitenden Kapitel folgt eine Reihe meist rythmischer Unheilsweissagungen über Juda und Jerusalem, Kapitel 2—23, die gelegentlich von Heilsorakeln, Predigten und erzählenden Stücken unterbrochen werden; dann folgen einige prosaische Weissagungen Kapitel 24—25 mit besonderen Überschriften, worauf ein erzählender Abschnitt einsetzt; auch dieser wird von Prosaorakeln nach der Art des Kapitels 25 unterbrochen. Der Tenor der Erzählungen wird nun abermals von einer in sich geschlossenen Sammlung Heilsweissagungen, Kap. 30—31, unterbrochen; mit Kap. 32 hebt die Erzählung anscheinend wieder an, geht aber zum zweiten Mal in Heilsorakel über, die z. T. noch in LXX fehlen, Kap. 33. Es folgen einige längere Prosaorakel mit geschichtlichen Notizen als Überschriften, und erst mit Kap. 36 setzt die Erzählung wieder ein, von jetzt an chronologisch geordnet, was in den vorhergehenden Kapiteln nicht der Fall war; das Schicksal Jirmějâhû's wird hier erzählt vor und nach der Eroberung Jerusalems bis zur Zeit nach der Ankunft in Ägypten, Kap. 44, worauf mit Kap. 45, einem Orakel an den Schreiber »dieser Worte«, ein deutliches Punktum gesetzt wird. Die Kapitel 46—51 sind eine Sammlung Weissagungen über die Nachbarvölker Judas; mit Vorliebe wird der Untergang und die völlige Verwüstung Moabs und Babels prophezeit. Endlich wird in Kap. 52 die Eroberung Jerusalems erzählt nach 2 Kg. Diese Unordnung in der Darstellung kann nicht das Werk eines Redaktors sein. Es geht aus dieser Übersicht endlich hervor, daß der »erste« (dieses Wort sehr relativ genommen) Sammler des Buches beabsichtigt hatte, zuerst eine Sammlung jirmeianischer Orakel, dann im Anschluß daran chronologisch geordnete, biographische Notizen über Jir. zu geben. Sowohl dieser Plan als auch die Chronologie ist von späteren Redaktoren zerstört worden.

Es gibt aber auch andere Anhaltspunkte für eine Kritik. Erstens findet sich im Buche eine Menge Überschriften, die einen gewissen Anhalt geben. Es zeigt sich nämlich, daß hier eine gewisse Regelmäßigkeit besteht, und zwar haben Stücke, die dieselben und stilistischen Eigentümlichkeiten aufweisen, in vielen Fällen eine gleichlautende Überschrift. Es ist somit zu hoffen, daß wir durch eine Beobachtung der stilistischen Eigentümlichkeiten einen Einblick in die Komposition des Buches gewinnen können. Zweitens besteht ein beträchtlicher Teil des Buches aus erzählenden Stücken, wo die Methode der Kritik der geschichtlichen Bühcer zur Verwendung kommen kann. Die ursprünglich beabsichtigte Reihenfolge, sowie der, im Verhältnis zur jetzigen Gestalt des Buches, ursprüngliche Platz dieser erzählenden Stücke nach der Hauptmasse der Orakel ist noch deutlich zu erkennen. Drittens heben sich einzelne, in sich geschlossene, von einen einheitlichen Gedanken geleitete, kleinere Sammlungen von ihrer Umgebung ab, Sammlungen, bei denen man doch immerhin ein Recht hat, von einem Zusammenhang zu reden, insofern als sie deutlich nach vorn und nach hinten abgegrenzt und abgeschlossen sind. So bilden die Orakel über die fremden Völker, Kap. 46—51, unverkennbar eine Sammlung für sich mit besonderer Überschrift. Dasselbe kann mit völliger Sicherheit von Kap. 30 f. behauptet werden. Das Stück hat einen deutlich erkennbaren Leitgedanken, der in dem immer wiederkehrenden Stichwort שוב שבות »das Schicksal wenden« hervortritt; wir werden später darauf zurückkommen.

Nun hat man ferner schon lange erkannt, daß das Buch Jir. aus mehreren schriftlichen Quellen zusammengearbeitet ist. Den Beweis für diese These bilden die vielen Parallelen, die das Buch aufweist. Die meisten davon sind auch schon früher als solche erkannt worden. Abgesehen von offenbaren Wiederholungen, die auf Rechnung der späteren Abschreiber gehen, wie 43,27 f = 30,10 f u. a., kommen folgende Parallelstellen in Betracht: 1,10 ⫲ 18,7.9; 2,25 ⫲ 18,11 f; 7,1—15 ⫲ 26,1—6; 7,16 ⫲ 14,11 ff. ⫲ 11,14; 7,17 f ⫲ 44,15 ff; 7,21 ff ⫲ 6,20 f; 7,25 ⫲ 26,5; 7,26 ⫲ 16,12; 7,34 ⫲ 16,9 ⫲ 25,10; 21,9 ⫲ 38,2; 25,1—11 a ⫲ 36; 27 z. T. ⫲ 28; 29,1—23 ⫲ 29,28; 34,1—7 ⫲ 38,14—23; 44,1—14 ⫲ 43,8—13. 44,15—30. Einige von diesen Parallelstellen erfordern eine nähere Erklärung, da sie besonderes geeignet sind, das Vorhandensein schriftlicher Quellen zu beweisen. Wir nehmen zunächst Kapitel 7 mit den vielen Parallelen. 7,1—15 enthält die sogenannte Tempelrede Jirmĕjâhû's. Die Veranlassung zu dieser Rede wird in 26,1—6 erzählt, zugleich aber die sich daraus ergebenden geschichtlichen Folgen. Kap. 7 interessiert sich nur für die Rede selbst; nur diese wird mitgeteilt, und zwar mit einer besonderen Überschrift. Kap. 26 will die näheren Umstände bei dieser Rede erzählen, und was sich daraus für Jir. und für den in derselben Richtung wirkenden Nabi Urîjâ ergab; Kap. 7 beschäftigt sich nur mit Jirs Worten, Kap. 26 mit seiner Person. Das deutet auf zwei verschiedene Verfasser; wenn die beiden Kapitel denselben Verfasser hätten, so würde er aus seinen Nachrichten ein einheitliches Ganzes gemacht, oder wenigstens eine Anspielung gemacht haben auf das früher (bezw. später) erwähnte. Nun wird in Kap. 26 mit einigen Worten der Hauptinhalt der Rede angegeben; aus diesem geht hervor. daß die eigentliche Tempelrede mit V. 15 zu Ende ist. Dasselbe geht auch aus Kap. 7 selbst hervor. Die Verse 3—15 sind eine typische »Schelt- und Drohrede«. Sie fängt mit einer Warnung an, und daran wird eine Aufforderung zur Bekehrung geknüpft; dann folgt die Scheltrede: die Darstellung der Sünden und Verbrechen des Volkes, die schließlich in die Drohung in der Form eines göttlichen Unheilsorakels übergeht. Dieses Orakel bildet immer den Höhepunkt und das Ende solcher prophetischen Reden; über die Verkündigung des göttlichen Entschlusses geht nichts mehr hinaus; der Prophet hat damit sein letztes Wort für diesmal gesagt; die ganze Rede zielt auf diese Strafandrohung ab und mündet in ihr aus. Inhaltlich und formell ist die Rede mit V. 15 zu Ende. Das ist nun aber nicht die Ansicht des Verfassers von Kap. 7 gewesen. Die folgenden Verse des Kapitels sind nicht als »unechte«, spätere Zusätze zu betrachten, sondern das ganze Kapitel ist etwa wie die Bergpredigt nach Matthäus zu beurteilen. Der Verfasser ist der Ansicht gewesen, daß diese Rede d i e eigentliche Rede des Propheten gewesen ist, worin er die Summe seiner ganzen Verkündigung gegeben hat. Er hat daher in diesem Kapitel eine Reihe Hauptworte des Jir gesammelt und zu einer leidlichen Einheit zusammengeflochten. Zur Strafandrohung V. 15 hat er das aus Kap. 14,11 bekannte Verbot Jhwhs, Fürbitte für das Volk einzulegen, gefügt, und dieses Verbot mit einer Aufzählung der in Kap. 43,15 ff gerügten Abgöttereien begründet; darauf folgt eine neue Strafandrohung V. 20. Mit derselben Einleitungsformel wie in V. 3 hebt der zweite Teil der Rede an V. 21: »So sagt Jhwh der Heerscharen, der Gott Israels«. Es folgt eine Scheltrede über die Opfer, von denen der Prophet behauptet, daß sie als Leistungen an sich völlig wertlos seien, eine sachliche Parallele zu 6,20 f; daran schließt sich der Vorwurf wegen der Hartnäckigkeit und Unfolgsamkeit des Volkes ∦ 26,5 und 16,12. Nach einem kurzen prophetischen Klagelied (oder vielleicht besser Leichenlied) über die Verwerfung des Volkes, ohne Parallele, folgt dann eine neue Scheltrede, und zwar über die Kinderopfer in Tophet, mit Strafandrohungen, deren letzter Teil V. 34 in 16,9 eine Parallele hat. Endlich Kap. 8,1—3 Drohungen gegen die Könige und Großen Judas, die als eine verkürzte Zusammenfassung der in Kap. 22 gesammelten Orakel betrachtet werden können. Als Flickworte zwischen diesen ursprünglich selbständigen Bestandteilen dienen die üblichen Redaktorformeln: »So sagt Jhwh der Heerscharen, der Gott Israels«, »Und du sollst zu ihnen sagen«, »Denn«, «In jenen Tagen«, »Tage werden kommen« u. ä. Der Redaktor des Buches Jir., der anderswo so viele dieser Worte in anderer Verbindung mitgeteilt hat, kann nicht identisch mit dem Verfasser von Kap. 7 sein; wenn er Kap. 7 komponiert hätte, warum sollte er dann sonst größten Teil davon noch einmal an anderen Stellen mitteilen? Er hat wenigstens zwei Quellen gehabt und hat Kap. 7 in seiner jetzigen Gestalt bereits vorgefunden.[1]

Ganz analog dem Verhältnis zwischen 7,1—15 und 26,1—6 ist das Verhältnis zwischen 21,1—10 und 38,1—13; während in Kap. 21 die ganze Rede gegeben wird, bietet Kap. 38 in V. 2 = 21,9 nur die Pointe derselben als Voraussetzung der mitgeteilten Episode aus Jirs Leben.

Umstritten ist das Verhältnis zwischen Kap. 27 und Kap. 28. Während die beiden Kapitel dem Redestoffe nach eine unzweifelhafte Parallele bilden, scheinen sie zwei verschiedene Begebenheiten, oder vielmehr zwei Episoden derselben Begebenheit zu behandeln. Dennoch hat man den bestimmten Eindruck, daß es sich in den beiden Kapiteln um dasselbe Ereignis handelt. Noch verwickelter wird die Sache, wenn man die beiden Zeitbestimmungen betrachtet in 27,1: »Im Anfang der Regierung des Königs Jôjâkîms, des Sohnes Jôsîjâ's«, und in 28,1 die verworrene Notiz: «In demselben Jahre, im Anfang der Regierung Sidḳîjâ's, Königs von Juda, im 4. Jahre, im 5. Monat«. Es liegt hier auf der Hand, daß der überfüllte Text in 28,1 ein Versuch ist, zwei verschiedene Notizen miteinander in Einklang zu bringen. Nun fehlt 27,1 in LXX und V. 3 zeigt, daß der ganze Vers ein späterer Zusatz ist; denn die Lesart Sidkija, die 3 Mnskr. Syr. KITTEL bieten, ist natürlich eine Korrektur. Der Vers ist eine gedankenlose Wiederholung von 26,1; ein Abschreiber hat

[1] Dagegen sind 19,2 b—9. 11 b—13 keine wirkliche Parallele zu Kap. 17, sondern eine spätere Erweiterung von Kap. 19, die lediglich auf Kap. 7 beruht. Das geht daraus hervor, daß ursprünglich selbständige Teile von Kap. 7 hier wiedergegeben sind, daß Kap. 19 somit die jetzige Gestalt der Tempelrede voraussetzt. Auch wird in Kap. 19 deutlich der Zusammenhang der Erzählung unterbrochen. Ein Abschreiber hat aus Kap. 7 eine Drohung gegen Tophet gemacht wegen der Erwähnung dieser Stelle in Kap. 19.

geglaubt, daß jedes undatierte Orakel das Datum des vorhergehenden datierten haben sollte (DUHM); indem er Kap. 27 als selbständig und unabhängig von Kap. 28 auffaßte, hat er sich, trotz V. 3, diesen Unsinn leisten können. Die Doppeltheit und Überfülltheit von 28,1 bleibt aber bestehen. Die Schwierigkeit löst sich unter der Annahme, daß wir hier zwei parallele Varianten nach der Art von Kap. 7 und Kap. 26 haben, von denen die eine das Hauptgewicht auf die bei der betreffenden Gelegenheit gesprochenen Worte Jirs, die andere auf das Ereignis selbst legt. Betreffs der Datierung gehen sie etwas auseinander; Kap. 27 verlegt das Ereignis ohne nähere Datierung unter Sidkija, Kap. 28 in dessen 4. Jahr. Kap. 27 hat von dem Zusammentreffen mit Ḫ̌ananjâ im Tempel überhaupt nichts beibehalten, und von der geschichtlichen Veranlassung nur die Notiz überliefert, daß die mitgeteilen Reden an den Gesandten der Nachbarvölker, an den König und »die Priester und das ganze Volk« damals gehalten wurde, als Jir. mit einem Joche um seinen Hals herumging. Die Erinnerung aber an den Zusammenstoß Nabi Ḫ̌ananjâ klingt noch durch in den wiederholten Warnungen, den Nebiim nicht zu vertrauen. Wenn nun aber Kap. 27 eine Variante zu Kap. 28 ist, so muß der ursprüngliche Anfang der Erzählung von Kap. 28 weggeschnitten worden sein. Der Verfasser muß erzählt haben, daß und wie Jir das Joch anlegte, wahrscheinlich auch von den Gesandten der Nachbarvölker. Daß dies auch wirklich der Fall gewesen, geht aus 28,1: »in demselben Jahre« hervor. Diese Worte, die in LXX fehlen, müssen ursprüngliche Textworte sein; denn die Annahme, daß LXX diese jetzt sinnlosen Worte gestrichen hat, ist viel wahrscheinlicher als die andere, daß TM in einer so törichten Weise den Widerspruch zwischen 27,1 und 28,1 hat ausgleichen wollen. Der ursprüngliche Text in 28,1 muß also gelautet haben: »In demselben Jahre, in dem 5. Monat sagte der Nabi Ḫ. b. ʿA.«; »zu mir« ist natürlich zu streichen, da Ḫ. mit seiner Prophezeihung sich an das versammelte Volk, nicht an den einzelnen Mann Jir wendet. Die beiden Bestimmungen »im Anfang der Regierung des S.« und »in dem 4. Jahre« sind Glossen, von denen nur eine richtig sein kann; die geschichtliche Notiz 51,59, die sehr wohl richtig sein kann, wenn auch die ganze Erzählung unhistorisch ist, macht es wahrscheinlich, daß das 4. Jahr Sidkijâs, wie es auch LXX hat, die richtige Datierung ist. Denn die Reise S.'s nach Babel im 4. Jahre muß doch irgendwie mit der Anwesenheit der ausländischen Gesandten in Jerusalem im Zusammenhang stehen; eine solche Reise bedeutet eine Huldigung, eine Unterwerfung unter den Großkönig; wahrscheinlich hat S. mit den übrigen westasiatischen Königen und Ägypten einen Aufstand geplant, und ist deswegen zur Erklärung und Verteidigung seiner Maßnahmen nach Babel berufen worden. In der Glosse »im 4. Jahre« hat sich somit ein Rest des verlorenen Anfangs der Erzählung erhalten. Es ist einmal erzählt worden, daß im 4. Jahre der S. im .... Monat, die Gesandten der Mächte nach Jerusalem kamen, daß Jir sich ein Joch anlegte und eine Zeitlang trug, und daß er einige erklärende Worte über die Bedeutung seines Betragens an die fremden Gesandten, vielleicht auch an den König, richtete. Der Redaktor hat diesen Anfang weggeschnitten, Kap. 27 zu Liebe. Die zweite Glosse »im Anfang der Regierung der S.« ist wohl von 27,1 in der oben erwähnten Lesart beeinflußt.

Auch Kap. 29 bietet eine doppelte Darstellung und beruht auf Zusammenarbeitung zweier Quellen. Es ist klar, daß ein Verfasser, der eine Sache zum ersten Male erzählt oder seinen Stoff frei gestaltet, nicht so erzählen kann: »Dies ist der Brief, den Jir. von Jerusalem u. s. w. schickte«, und dann erst dem Leser mitteilen wird, daß Jir. einen Brief geschrieben habe. Und nun erst recht die verworrene Form der »Erzählung« 24 ff. V. 24 will augenscheinlich noch zum Brief gehören, tut es aber doch nicht; denn der Verfasser des Briefes wird hier mit »Du« angeredet. Ferner hat V. 25 »Weil Du einen Brief u. s. w.« keinen Hauptsatz und keine Fortsetzung. V. 29 f zeigt deutlich, daß die urspüngliche Form dieses Stückes die einfache erzählende gewesen ist, und daß der Anfang somit etwa folgendermaßen gelautet haben muß: »S. der Nachlamit schreibt an den Priester Z. b. M. einen Brief u. s. w.« Der Redaktor hat auch hier zwei Quellen vor sich gehabt; die erste hat einen Brief des Jir, mit einer kurzen geschichtlichen Überschrift versehen, mitgeteilt; die zweite hat von den Verwicklungen erzählt, die aus diesem Brief entstanden, und von dem Briefe selbst nur den Hauptgedanken mitgeteilt. Der Redaktor hat aus den beiden Stücken dadurch eine Einheit machen wollen, daß er den Eingang der Erzählung aus der 3. in die 2. Person umgeschrieben, und dadurch einen Stil hervorgebracht hat, der weder Brief, noch Erzählung, noch irgend etwas anderes ist.

Dieselbe Doppeltheit, die wir schon öfters gefunden haben, finden wir auch besonders deutlich in 43,8—44,19, 24—30 (44,20—23 sind anerkanntermaßen ein Einschub eines Pedanten, der nicht hat leiden wollen, daß der Gottesmann eine lange Rede lediglich an die Frauen gehalten hat; er hätte doch erst zu ihren Männern sprechen sollen; so hat er durch 20—23 der Würde des Propheten nachzuhelfen geglaubt und die Erzählung unterbrochen). Auch hier haben wir eine Erzählung, die von einer Schelt- und Drohrede mit besonderer Überschrift unterbrochen wird. Das erzählende Stück berichtet, wie Jir. vor den Augen der anwesenden Volksmenge durch eine magische Nabihandlung (eine sogenannte »symbolische« Handlung) den Untergang Ägyptens voraussagt und hervorruft[1]. Sehr lebendig und in vollem Einklang mit der Wirklichkeit wird nun geschildert, wie die anwesenden Weiber das Wort ergreifen. Die Männer halten sich zurück. »Wozu auch! Mit einem Meschugge kann man doch nicht disputieren«. Den Frauen geht die Sache aber zu weit. Eine solche widersinnige Beschimpfung ihrer altheiligen Religion kann eine impulsive orientalische Frau nicht schweigend mit anhören. Mit ihrem praktischen Instinkt wissen die Weiber sofort, die Tatsachen der Oberfläche durch die Logik der Oberfläche miteinander in Verbindung zu setzen und sie zu einer tötlichen Waffe gegen die tiefere in einen göttlichen Willen und Ratschluß hineinblickende Betrachtung des Propheten zu schmieden. Sie haben es erlebt, daß das Land eine lange schöne Friedenszeit hatte, damals als noch überall der Himmelskönigin geräuchert und geopfert wurde; sie haben es auch erlebt, daß dieser Kultus offiziell abgeschafft wurde und nachher nur privat und im geheimen geübt wurde; und endlich steht es ihnen sehr lebhaft in der Erinnerung, wie furchtbar schlecht es ihnen seitdem ergangen ist. Die beiden Tatsachen sind fast gleichzeitig eingetreten; es besteht also ein zu deutlicher Zusammenhang zwischen ihnen; man muß wahrhaftig Meschugge sein, um das leugnen zu können; jetzt haben sie endlich nach großer Gefahr und vielen Anstrengungen eine Freistätte in Ägypten gefunden, und nun kommt dieser lästerliche Mensch und will es ihnen auch mit ihren Schutzherren verderben; sogar über Pharao spricht er hochverräterische Worte; wird man nicht dafür die ganze Kolonie verantwortlich machen? Soll der Mensch ohne jeden Widerspruch sein Lästermaul breitmachen? Da hört sich doch alles auf! Und auf Grund ihrer »Logik der Tatsachen« sagen sie dem Propheten ordentlich Bescheid. Man kann sich die Szene nicht lebhaft genug vorstellen: die empörten Weiber kreischend und schimpfend um den alten Mann geschart, der in seinem zerlumpten, abgerissenen Nabimantel, mit den brennenden Augen und dem verwilderten Aussehen des ekstatischen Fanatikers mitten unter ihnen steht, ohne eine Wort zur Widerlegung ihrer Logik sagen zu können. Was soll er auch dazu sagen? Die Tatsachen kann er nicht leugnen, ihre Gleichzeitigkeit ebensowenig. Auf diesen Einwand ist er gar nicht gefaßt gewesen. Er hat nur das Orakel verkündet, das ihm Jhwh zugeraunt hat. Man muß sich vorstellen, wie er wehrlos und verständnislos unter ihnen dasteht, ohne fassen zu können, was eigentlich hier vor sich geht. Er hat aber in seinem langen Leben viele ähnliche Szenen erlebt;

---

[1] Zu den Zauberhandlungen der Nebiim vgl. „Om nebiisme og profeti", Norsk Theologisk Tidsskrift. 1909, s.

er hat oft genug über die Anfeindungen und Nachstellungen der Gegner zu klagen gehabt. Warum? Wozu? Er hat ja nicht Unglück über sie herabgebetet; er hat nur Jhwhs Wort gesprochen; unter Seelenkampf und innerer Qual hat er es verkündet. Wozu also die andauernden Verfolgungen und Beschimpfungen? Ist er doch der einzige Kluge unter ihnen; hat nicht die Eroberung Jerusalems, die Tatsache selbst ihm, ja ihm, Recht gegeben? Was wollen sie also von ihm? Bosheit und Trotz ist es, was aus ihnen redet, Haß und Feindschaft gegen Jhwh und ihn. Und es steigt ein grosser Zorn in ihm auf, der ihn völlig überwältigt; das Wort Jhwhs wird »wie brennendes Feuer in seinem Inneren«, und er schreit sein neues Orakel über die kreischenden Weiber hinaus: »So sagt Jhwh der Heerscharen, der Gott Israels: So ist es! Ihr habt der Himmelskönigin geopfert! Daher hat auch Jhwh geschworen, es soll im ganzen Lande Ägypten kein einziger judäischer Mann übrig bleiben der den Namen Jhwh nennen kann! — Es ist völlig klar, daß 44,1—14 mit der neuen Überschrift später in diesen Zusammenhang eingeschoben ist; das ganze plastische Bild wird dadurch zerstört. Es wird hier imvoraus vom Kultus der fremden Götter gesprochen, eine Frage, die vom Propheten in dem Orakel über Ägypten gar nicht berührt worden war und erst von den Frauen aufgeworfen worden ist; nach dem jetzigen Zusammenhang wird die Antwort gegeben, ehe die Frage gestellt ist. Und man kann die Sache nicht etwa so auffassen, wie die Massora es getan hat, daß 43,8—13 ein unabhängiges Stück sei, das nichts mit dem folgenden zu tun habe, und daß erst 44,1 den neuen Abschnitt einleite; denn erstens wird dann 44,1—14 nur eine Wiederholung von 24—30 und eine Vorwegnahme dessen sein, was die Weiber zu sagen haben; zweitens weist V. 15 — »die Weiber, die dort standen«, — nicht auf 44,1 zurück, — denn sonst müsste »dort« = in Migdol, Tachpanches Nof und Südägypten (Elephantine-Syene) V. 1 sein, was sachlich unmöglich ist und im Widerspruch mit den Versen 15 ff steht, die eine einzelne konkrete Situation voraussetzen — sondern auf 43,9, wo Ort und Situation angegeben werden. 44,1—14 ist dagegen eine Parallele der früher erwähnten Art. Eine Quelle, die sich nicht für das Geschichtliche interessierte, hat aus der ganzen Situation nur die beiden Orakel beibehalten und daraus eine Schelt- und Drohrede gemacht, die an sämtliche Juden in Nord- und Südägypten gerichtet ist, und sowohl den Untergangs Ägyptens als die Ausrottung der dort wohnenden Juden weissagt. Die Übereinstimmung besteht sogar auch noch im Wortlaut, obwohl die Begründung der Strafe allgemeiner geworden ist; so spricht die Redevariante von den fremdern Göttern überhaupt, wo die Erzählungsvariante nur die Himmelskönigin erwähnt; s. die Berührungspunkte zwischen V. 11 und 27 a, 12 und 27 b; ebenso die Ausdrücke »der Rest Judas«, »die Städte Judas und die Strassen Jerusalems«, »Schwert und Hunger«. Der Redaktor hat sich hier seine Arbeit sehr leicht gemacht; er hat einfach die gemeinsame Variante der beiden Orakel hinter das erstere gestellt als eine nähere Ausführung; dadurch ist das erste Orakel selbständig geworden und vom Zusammenhang der Geschichte gelöst; in der Einteilung der Massora ist 44,1 als Anfang der Geschichte betrachtet worden.

Parallelen genau derselben Art wie die hier behandelten sind auch Kap. 25,1—11 a und Kap. 36. In Kap. 36 wird erzählt, daß Jir im 4. Jahre der Jôjâḳîm[1] eine Niederschrift seiner früheren Unheilsorakel über Jerusalem und Juda, von der Zeit Jôsîjâ's bis auf den Tag der Aufzeichnung, veranstaltet und diese öffentlich vortragen läßt, damit das Volk sich von seinem sündigen Wandel bekehre. Vom Inhalt des Buches wird nur mitgeteilt, daß es aus Drohungen und Unheilsweissagungen besteht; dazu wird der Zweck der Vorlesung angegeben. Kap. 25,1 ff will das Wort sein, das Jir im 4. Jahre des Js. über Judas Volk und Jerusalems Bewohner gesprochen hat; es gibt sich als die Summe seiner Orakel aus, »vom 23. Jahre des Jôsîjâ bis heute«, und der Zweck der Zusammenfassung ist, das Volk noch einmal in eindrucksvoller Weise zur Bekehrung aufzufordern. Und wie die Erzählung in Kap. 36 mit dem ausdrücklichen Verwerfungsurteil über König und Volk, Land und Stadt abschließt, so schließt auch die Rede in Kap. 25 mit der Weissagung der völligen Verwüstung des Landes und der Ausrottung des Volkes durch »alle Stämme des Nordens«. Die Zerstörung durch »den Feind vom Norden« ist eben ein wichtiger Teil der früheren jirmejanischen Weissagungen und muß somit in dem in Kap. 36 erwähnten Buche eine bedeutende Rolle gespielt haben. Daß der Verfasser von 25,1 ff an das in Kap. 36 mitgeteilte Ereignis gedacht hat und den Inhalt der damals gehaltenen Rede geben will, darf nach diesen Übereinsstimmungen meines Erachtens nicht bezweifelt werden, wenn auch zugegeben werden muß, daß er keine genaue Tradition über diese Begebenheit besessen hat und jedenfalls die Erzählung von Kap. 32 nicht gekannt haben kann; wenn das der Fall wäre, hätte die Überschrift etwas anders lauten müssen; er hätte dann nicht umhin können, die Tatsache der Aufzeichnung und die

[1] Wenn es in V. 9 heißt, daß die Vorlesung im 5. Jahre stattfand, kann das nicht richtig sein. Denn wenn Baruch das Buhs lesen soll, weil Jir augenblicklich verhindert ist, und wenn ferner erzählt wird, daß B. allein in den Tempel hinaufgeht, so ist sein Alleingehen doch die Folge der augenblicklichen Verhinderung Jirs; diese kann doch aber nicht ein ganzes Jahr gedauert haben; zwischen Befehl und Ausführung kann aber nicht ein volles Jahr oder mehr liegen. „5." in V. 9 muß deshalb Schreibfehler für 4. sein.

Vorlesung durch Baruch zu erwähnen. Daß er Kap. 36 nicht kennt, ist ein um so sicherer Beweis für das Vorhandensein zweier voneinander unabhängigen Parallelen. Kap. 36 hat das Interesse und den Gesichtspunkt von Kap. 28—43. 26 und den anderen hier behandelten erzählenden Stücken. Kap. 25 dagegen ist eine Rede genau derselben Art wie 44,9 ff. 7,1—8,3 u. a., ohne Bedeutung für die Geschichte und die Erlebnisse des Propheten.

Parallelen sind auch 21,1—11 und 37,3—38,13. Während aber in 37,3 ff. die Orakel im Verhältnis zu den Erzählungen untergeordnet sind, haben 21,1 ff. nur die Orakel behalten und von den Erzählungen lediglich eine geschichtliche Notiz, die nicht einmal mit der Parallele genau übereinstimmt, übrig gelassen. 37,3—38,13 enthalten 4 verschiedene Episoden, von denen nur die erste und vierte in 21,1 ff dargestellt sind: die erste Sendung des Königs an Jir. und das Wort, das die Veranlassung zum Todesurteil gab. Vom Todesurteil selbst weiß die Variante 21,1 ff nichts; nur läßt sie gegen 37,3 den dabei beteiligten Pashûr b. Malkîjâ neben Zephanjâ b. Maᶜsejâ an der ihr bekannten einmaligen Sendung an Jir. teilnehmen sein und läßt das gegen ihn gerichtete Wort 38,2 bei dieser Gelegenheit gesprochen sein; dadurch ist notwendigerweise die Sendung des Königs in die Zeit der (zweiten?) Belagerung verlegt worden, statt zwischen die beiden Belagerungen, weil von Überlaufen die Rede war. Sonst deckt sich der Inhalt von 21,1—6 mit 37,3—10; 21,7 deckt sich mit 37.17, und 21.9 stimmt fast wörtlich mit 38,2 überein.

Endlich können wir 34,1—7 als eine teilweise Parallele zu 38,14—23 betrachten. — —

2. Es darf nach diesen vorläufigen Ausführungen mit Sicherheit behauptet werden, daß der Redaktor des Buches Jir. mehrere schriftliche Quellen, Sammlungen jirmejanischer Orakel, vor sich gehabt hat. Wir können somit eine literarkritische Analyse des Buches versuchen.

Unsere erste unter Beweis zu stellende These ist: das eigentliche Buch Jeremja umfaßt nur die Kapitel 1—45; die Kapitel 46—52 sind ein späterer Anhang, etwa wie Jes. 40—66.

Die Kapitel 46—51 bilden eine Sammlung jirmejanischer Orakel gegen die »fremden Völker« Ägypten, Philistäa, Moab, Benê- Ammon, Edom, Nordsyrien, Kedar und Ḫasor, Elam, Babel. LXX bringt diese Sammlung nach 25,13, dessen letzte Worte sie zu einer Überschrift der flg. Orakel macht. Es ist aber klar, daß diese Einreihung sekundär ist. Sie bildet einen Versuch, die Orakel in einen organischen Zusammenhang zu bringen; auch in Kap, 25 wird nämlich von dem großen Weltgericht über alle Völker geredet; und während es nun sehr leicht begreiflich ist, daß ein Späterer die Kapitel 46—51 in diesen Zusammenhang hineingearbeitet hat, läßt es sich nicht erklären, aus welchen Motiven er eine ursprüngliche Verbindung zerstört hätte. Ferner hängt V. 14 deutlich mit V. 13 zusammen, und läßt sich nicht davon trennen. Endlich ist noch folgendes zu sagen: daß 25,11 b—14 ein späterer Zusatz zum vorhergehenden ist, braucht man nicht erst zu beweisen. Nun setzt aber dieser Zusatz das fertige Buch Jir. voraus, und nimmt deutlich auf die Kapitel 46—51 Bezug (»alles was in diesem Buch geschrieben ist, was Jir. über alle Völker prophezeit hat«), und zwar setzt er voraus, daß das, was Jir. über alle Völker geweissagt hat, in diesem Buche, aber an einer anderen Stelle zu lesen ist; denn wenn der Redaktor des Buches die Kap. 46—51 ursprünglich hier eingereiht hätte, so hätte er sich nicht so ausdrücken können, sondern würde etwa gesagt haben: »alle diese Worte, die ich zu dir rede«, oder ähnlich. — 25,11 b—14 sind also später als 46—51, und können somit nicht die ursprüngliche Einleitung der Sammlung sein. Wir müssen also dabei bleiben, daß die genannten Kapitel in T. M. immer nach Kapitel 45 gestanden haben. »Immer« — d. h. solange sie zum Buche Jir. gehört haben. Daß sie erst später einem abgeschlossenen Buche Jir. hinzugefügt worden sind, geht aus Kapitel 48 hervor. Man hat hier vermutet, daß die Worte »in ein Buch nach dem Diktat des Jir. im 4. Jahre des J. b. J., des Königs von Juda« ein späterer Zusatz sei (z. B. BUHL); sicher ist aber der ganze Satz V. 1 »als er alle diese Worte u. s. w.« Worte des Redaktors des Buches Jir. Und mit dem Ausdruck: »alle diese Worte« kann nur gemeint sein: alle die in diesem Buche stehenden Worte. Wenn man nun nicht annehmen will, daß der Redaktor in einem merkwürdigen Anfall von Geistesabwesenheit auch die unter Ṣidkîjâ und in Ägypten gesprochenen Orakel im 4. Jahre Jôjâkims geschrieben sein läßt, muß man die Worte« im 4. Jahre u. s. w.« als Zusatz eines gedankenlosen Abschreibers streichen. Nun liegt es aber auf der Hand, daß ein Verfasser oder Redaktor, der eine Notiz über den Schreiber »aller dieser Worte (des Buches)« macht und dabei an das von ihm nach zerstreuten Quellen zusammengestellte Buch mit den Orakeln Jirs denkt, das seiner Ansicht nach eine genaue Rekonstruktion des Werkes des ersten Schreibers ist, — daß ein solcher Verfasser sich bewußt ist, daß er jetzt alle die genannten, von Jir gesprochenen und vom Schreiber Baruch geschriebenen Worte mitgeteilt hat. Wer 45,1 geschrieben hat, der hat damit ein Punktum gesetzt und sein Buch abgeschlossen. Wenn dies nicht der Fall wäre, und wenn der Verfasser bei dem Ausdruck »alle diese Worte« nur an das Ereignis in Kap. 36 und das damals Geschriebene gedacht hätte, warum hat er dann dieses Kapitel an diese Stelle gesetzt und es nicht im Anschluß an Kap. 36 gebracht? Es steht ja im Kap. 45 selbst kein einziges Wort, das darauf hindeutete, daß es in Ägypten gesprochen wurde, oder das den Redaktor zu dieser Auffassung und somit zu dem jetzigen Platz hätte zwingen können. Übrigens spricht auch diese Erwägung für die Unechtheit der Datierung in V. 2. — Kap. 45 ist somit deutlich das »ursprüngliche« Schlußkapitel des Buches Jir. Den Verfasser vom V. 1 b und Sammler des Buches 1—45 nennen wir R^J. Der Hauptplan des von ihm redigierten Buches liegt noch völlig deutlich vor uns. Er hat zuerst die Orakel des Jir. geben wollen, dann die ihm bekannten Notizen und Anekdoten aus seinem Leben, in der Hauptsache in chronologischer Reihenfolge. Wir kommen später darauf zurück. Die Kapitel 46—51 bilden einen späteren Anhang zu einem bereits fertigen Buche Jir. Dasselbe gilt dann auch von Kap. 52 = 2 Kg 24,18—25,21. Über diesen letzten Anhang II sind nicht viele Worte zu verlieren. Er ist wahrscheinlich nach Analogie des Buches Jes. hinzugefügt worden. Wie das Prophetenbuch Jes. — das also damals nur die Kapitel 1—39 umfaßte! — mit einem auf den Propheten bezüglichen Auszug aus dem Buche der Könige schloß, so hat man es auch passend gefunden, das Buch Jir. mit dem diesbezüglichen Stück jenes Buches abzuschließen.

Innerhalb des Abschnittes 46—51 bilden die Kapitel 50—51 eine eigene kleine Sammlung, und zwar die Ursammlung dieser »Fremdenorakel«. Sie trägt die Überschrift: »Das Wort das Jhwh über Babel gesprochen hat«; V. 1 b »über das Land Chaldäa durch den Propheten Jeremia« ist ein noch in LXX fehlender Zusatz. Die beiden Kapitel bilden eine Sammlung kleinerer Orakel über Babel nach der Art von Jes 21,1—11. 13—14 und stammen in der Hauptsache aus der Zeit Nabûnâids. Die Anklänge an Dtjes sind wohl späteren Ursprungs. Natürlich haben die Orakel nichts mit Jirmějâhû zu tun. Und so ist es wohl nicht der Sammler dieser Orakel selbst, sondern ein späterer »Herausgeber«, der sie durch das legendarische Stück 51,59—64 dem vorexilischen Propheten untergeschoben hat. Um diesen Kern haben sich nun andere neuere und ältere Orakel über fremde Völker gesammelt, und die ganze Sammlung ist durch die Überschrift 46,1 als jirmejanisch bezeichnet worden. Ob das die Tradition schon früher von einigen dieser Orakel behauptet hat, oder ob sie alle erst durch die Sammlung zu jirmejanischen gestempelt worden sind, können wir natürlich nicht wissen; in den Einzelüberschriften steht jedenfalls nichts derartiges. 47,1 ist ein späterer Zusatz und fehlt in LXX; wenn der Satz 49,34 in LXX ganz widersinnig nach V. 39 steht, so ist es klar, daß er nur eine spätere

Erweiterung nach T. M. darstellt; er hat in der ursprünglichen LXX gefehlt, und darf somit in T. M. für unecht erklärt werden. Was nun 46,13 betrifft, so werden wir sehen, daß dieser Vers eine spätere Erweiterung ist, die ein ursprünglich zusammenhängendes Orakel in zwei zerlegt hat. — Hiermit ist natürlich nichts über die »Echtheit« oder »Unechtheit« dieser Orakel gesagt. Das ist ja auch eine verhältnismäßig untergeordnete Frage. —

3. Wir wenden uns nun zu dem eigentlichen Buch Jeremia, dem Werke des R^J^. Wir wollen hier den Beweis dafür antreten, daß das Buch Jer. 1—45 aus vier verschiedenen schriftlichen Quellen zusammengearbeitet ist.

Wie schon oben (S. 5) erwähnt, sind hier zunächst zwei Hauptbestandteile zu unterscheiden, die sehr wenig miteinander vermischt sind. Wenn wir von den in sie eingeschobenen Teilen einer später zu besprechenden dritten Hauptgattung absehen, treten die beiden genannten Gattungen, die Orakel und die Erzählungen, als zwei gesonderte Gruppen auf; sie sind nur lose nebeneinander gestellt. Die erste, die wir A nennen, findet sich in den ersten 23, bezw. 25 Kapiteln des Buches; die zweite, B, fängt mit Kap. 26 an; zur Gruppe B gehört jedoch das Stück 19,1—20,6, das sich unter lauter Bruchstücken von A befindet.

A ist eine Sammlung jirmejanischer Orakel, ganz lose nebeneinander gestellt, ohne besondere Einleitungsformeln. Die verschiedenartigsten Stücke, Orakel, Visionen, Klagelieder — individuelle und Volksklagelieder — folgen aufeinander, ohne daß angedeutet wird, wo das eine aufhört und das andere anfängt; die richtige Einteilung der Abschnitte ist daher, wie so oft in den Prophetenbüchern, die erste und schwierigste Arbeit der Exegese, die fast noch nie befriedigend ausgeführt worden ist; der wirkliche geringe Umfang und die Abruptheit der prophetischen Orakel ist fast nirgends erkannt worden, es sei denn von DUHM, bei dem aber diese Erkenntnis Hand in Hand mit einer derartigen Gewalttätigkeit der »Echtheits-« und Textkritik geht, daß sie um ihren eigenen Wert gebracht wird. Erst die Andeutungen GUNKELS in seiner vorzüglichen Skizze der israelitischen Literatur hat hier Klarheit geschaffen.

Indem wir nun die Gruppe A von der Gruppe B unterschieden und vorläufig von den in beiden verstreut stehenden größeren Reden abgesehen haben, haben wir eine Unterscheidung nach stilistischen und Gattungs-Merkmalen vorgenommen. Es fragt sich aber nun, wie wir von dieser zu einer klaren Scheidung der unzweifelhaft vorliegenden schriftlichen Quellen kommen können. Denn einerseits enthält der prophetische Stil so viel Typisches und Traditionelles, ist anderseits überall in späterer, d. h. literarischer, Zeit mit so vielen anderen Stilarten gemischt, daß eine Stiluntersuchung an sich keine Anhaltspunkte für eine quellenscheidende Kritik geben kann. Da nun aber die prophetische, wie überhaupt die hebräische, Literatur immerhin mit einer recht beschränkten Zahl Stilarten arbeitet, und da diese so fest und typisch sind, so liegt es auf der Hand, daß jede Änderung in der Art der Wiedergabe der Orakel und in der Auffassung des eigentlichen Prophetischen leicht erkennbar sein wird. Wenn z. B. ein Sammler und Redaktor einer prophetischen Tradition in dem betreffenden Propheten hauptsächlich einen ekstatischen Unheilsverkünder sieht, ein anderer dagegen einen Visionär, ein dritter einen Prediger und Hüter der öffentlichen und privaten Moral, so werden diese verschiedenen Auffassungen mit Notwendigkeit in der redaktionellen Tätigkeit zu Tage treten müssen, und zwar als eine Änderung der literarischen Gattungen der Orakel und als eine Verschiebung ihrer stilistischen Eigentümlichkeiten. Der erste Redaktor wird die Orakel möglichst im Wortlaut beibehalten können; der zweite wird aus ihnen Visionen gestalten, während der dritte mit literarischen Reden hervortritt. Was wir nun mit unserer Untersuchung erreichen wollen, ist, die Merkmale verschiedener Überlieferungen und die Zeichen verschiedenartiger Aufzeichnungs- und Sammlungsweisen aufzuspüren.

Den ureigensten Nabistil, der seinen Ursprung deutlich aus der Ekstase und dem Enthusiasmus verrät, findet man in A nicht besonders häufig oder besonders ausgeprägt. Die blitzartig zuckenden ekstatischen Worte, die abrupten Bilder und Beschreibungen, die Unvollständigkeit der beschriebenen Züge eines Bildes, oder eines erschauten Zustandes, wobei der Nabi sich meistens mit Andeutungen oder mit der Hervorhebung einzelner, besonders in die Augen fallender Züge des zukünftigen Zustandes begnügt, das mystische Halbdunkel, die Befehle, ohne daß gesagt wird, wer befiehlt und wem befohlen wird, die ganze krampfhafte Aufgeregtheit des prophetischen Stils, wie sie besonders deutlich z. B. in Jes. 21,1—11 oder Jer. 46 hervortritt, — dies alles sucht man in A meistens vergeblich. Einige weniger typische Beispiele gibt es jedoch; so z. B. in Kapitel 4,5—8 oder 5,10. »Der Feind vom Norden« »der Löwe«, »der Volkszerstörer« werden nicht genauer genannt; wer der Redende ist, ob Jhwh oder der Nabi, wer angeredet wird, und wer das Panier erheben soll, das alles müssen die Hörer erraten. Ebenso 4,13 »Wie Wolken steigt er hinauf, seine Wagen sind wie Windsbraut! Schneller als Adler sind seine Pferde! Wehe, wir sind verloren!« —

Wer? Wessen Wagen und Pferde? Gesagt wird das nicht; vielleicht weiß der ekstatische Seher es selbst nicht genau. Er beschreibt nur die schrecklichen Bilder, wie sie am Horizonte emporsteigen; er weiß — dem Stile nach wenigstens — nur, was seine geistigen Augen sehen; wer der furchtbare Feind wohl sein kann, das muß er selbst, wie die Hörer, erraten; vielleicht wird erst die Zeit es zeigen. Vgl. auch 8,16. Nun ist dieser reine Nabistil überhaupt seltener; die Propheten haben fast alle Stilarten der Zeit aufgenommen und für ihre Weissagungen verwertet. Statt einer direkten Unheilsweissagung singt so der Prophet im voraus ein Klage- oder Leichenlied über das Volk, oder er stimmt ein Danklied über das noch nicht gekommene Heil an u. s. w. Und dennoch tragen die Orakel in A fast alle ein gemeinsames Gepräge. Besonders charakteristisch für sie ist die Verwendung des Klageliedes in allerlei Variationen. Der Prophet klagt im Stile des individuellen Klageliedes über die Sünden des Volkes und schließt daran ein Unheilsorakel; oder er läßt Jhwh über die Sünden klagen und mit dem Volke rechten, ihm Vorwürfe machen und drohen; bei den Drohungen tritt dann wieder der Orakelstil ein. Oder der Prophet klagt über das kommende Unglück, als wäre es schon da, entweder im eigenen oder im Namen des Volkes. Besonders treten die Vorwürfe und die Klagen über die Sünde des Volkes stark hervor, daneben auch Aufforderungen zur Buße und Bekehrung. Eine gewisse Redseligkeit macht sich hier und da bemerkbar; die Aufforderungen werden mitunter zu Überredungen. In dem echten Nabistil spricht der Prophet selbst nicht; der Redende ist die Gottheit; der Nabi ist nur ihr ekstatisch daliegendes oder sinnlos enthusiastisch sich gebärdendes, in beiden Fällen sich selbst unbewußtes Sprachorgan. In den Stücken der Gruppe A dagegen tritt das Ich des Propheten in unleugbarer, wenn auch nicht gesuchter und bewußt gewollter Weise hervor. In den Klageliedern gibt er seine eigenen Erfahrungen, und seine Beurteilung; und noch mehr ist dies der Fall, wenn er über persönliche Verfolgungen klagt. Seine Stimmungen treten hervor, sowohl wenn er in Jhwh's Namen das Volk ausschilt, ihm droht und es zu überreden sucht, wie wenn er mit dem Volke weint und klagt. Wir blicken in ein leidenschaftliches und doch zartes, fast weinerliches Gemüt hinein. Wir sehen in den meisten dieser Stücke deutlich denselben Geist und dasselbe Gemüt, dieselbe Individualität, und zwar eine Individualität, die sich sehr klar von den meisten anderen Propheten unterscheidet. Nicht daß der Prophet irgendetwas über sich selbst mitteilt: nicht er ist Zweck und Thema seiner Ausführungen, sondern das gottgewollte Schicksal, das drohende Unheil; ohne es zu wollen und

z. T. auch ohne es zu wissen, gibt er Kunde von seinem eigenen Ich. — Ein drittes gemeinsames Merkmal ist die Form. Weitaus der größte Teil dieser Orakel und Lieder ist metrisch, wie es der prophetische Stil von Anfang an verlangt. Vielleicht geht auch die metrische Form weiter als wir es jetzt nachweisen können; allerlei Schreibfehler und Textverderbungen mögen daran Schuld sein. Sonst erklärt sich die Prosaform dadurch, daß hier Visionen zu Grunde liegen, wie in Kap. 1; die Form der Vision ist nicht, wie diejenige des Nabiorakels, metrisch, wohl aber nicht selten rhythmisch. Dagegen muß es als eine beispiellose kritische Gewalttätigkeit bezeichnet werden, wenn DUHM dekretiert hat, daß Jir. nur das Fünfermetrum gebrauchen darf, was sich bloß durch die ungeheuerlichsten Streichungen, häufig gerade der charakteristischsten Worte, und durch reichliche Unecht-Erklärungen durchführen läßt.

Zu der hier beschriebenen Gruppe A nehme ich folgende Stücke: 1,4—10; 1,11 f; 1,13—16[1]; 2,2 b—9; 2,10—13; 2,14—28 a; 2,29—37; 3,1—5; 19—20; 3,21—4,4; 4,5—10; 4,11 aβ—18; 4,19—22; 4,23—28; 4,29—31; 5,1—9; 5,10—14; 5,15—17; 5,20—31; 6,1—6 a; 6,6 b—8; 6,9 —15; 6,16—19; 6,20 f.; 6,22—26; 6,27—30; 8,4 aβ—12; 8,13; 8,14—17; 8,18—23; 9,1—8; 9,9—11; 9,16—21; 9,22 f.; 9,24 f; 10,17—22; 11,15 f.; 11,18—20.22f.; 12,1—6; 12,7—12; 13,12—14; 13,15—27; 14,2—10; 14,11—16; 14,17aβ—15,2; 15,5—9; 15,10—21; 16,1—13; 16,16—18.21; 17,1—4; 17,9 —10[2]; 17,12(14)—18[3]; 18, 13—17; 18,18—23; 20,7—13; 20,14—18; 21,11b—12; 21,13f.; 22,6aβ—9; 22,10—12; 22,13—19; 22,20—23; 22,24—30; 23,5f.;[4]

[1] 1,17—19 sind nicht ursprünglich, sondern ein Zusatz nach 1,8 und 15,20 f., aus der irrtümlichen Voraussetzung heraus, daß 13 ff. noch zur sogenannten Berufungsvision gehören. Diese ist mit V. 10 deutlich abgeschlossen. Mit der Formel „das Wort Jhwh's kam zu mir" wird immer etwas Neues eingeleitet. Diese neue Vision hat nichts mit 1,4—10 zu tun; sie steht hier im Anfang des Buches, da sie gewissermaßen als Motto der ganzen Wirksamkeit des Jir. zu betrachten ist, eine Anordnung, die wohl auf die „Urrolle" und somit auf Jir. selbst zurückgeht. Das „heute" V. 18 ist also ein Irrtum eines späteren Redaktors. Es ist auch durchaus unwahrscheinlich, daß Jir. in einem Gedicht wie 15,10—21 nur eine ältere Offenbarung kopiert hätte.

[2] Im Gegensatz zu dem Weisheitspsalm 17.5—8 (vgl. Ps. 1) und dem Mašal 17,11, die keinen erkennbaren Zusammenhang mit der Form und dem Inhalt der jirmejanischen Orakel aufweisen und wahrscheinlich vom Rande in den Text geraten sind, weisen 9—10 die prophetische Form auf. Entweder ist das Stück ein Bruchstück, oder vll. die ursprüngliche Fortsetzung des Klageliedes 12—18; hier fehlt nämlich die zu erwartende „Gewißheit der Erhörung", die in den prophetischen Klageliedern häufig die Form eines göttlichen Orakels hat.

[3] Ob V. 12 f. mit zu 14—18 gehören, ist zweifelhaft; gesetztenfalles ist das Ganze ein Klagelied mit hymnischer Einleitung, vgl. Ps. 9.

[4] 23,5 f. halten natürlich die schroffsten Wellhausenianer für unecht. Irgendwelche ausschlaggebende Gründe für die „Unechtheit" lassen sich nicht anführen. Jedenfalls ist gegen die Annahme, daß R^A dieses Wort als Abschluß seiner kleinen Sammlung Königsorakel und zugleich als ein Gegenstück zu dem Anathema über die bisherigen judäischen Könige aufgenommen habe, schlechterdings nichts einzuwenden; das Stück

23,9—15; 23,16—20[1]; 23.21—24. 29.[2] 24,1—10(?); 25,15 f. 27—38. Das hier Hervorgehobene läßt sich nun dahin zusammenfassen: abgesehen von einigen späteren Zusätzen und zufälligen und unvermeidlichen Textverderbungen macht die Sammlung A den Eindruck, authentische, redaktionell wenig bearbeitete Überlieferung zu sein; sie hat fast durchgängig die echt prophetische, metrisch-rhythmische Form; die meisten ihrer Orakel geben sich durch Form und Inhalt als Werke eines und desselben Mannes zu erkennen; dieser Mann zeigt sich als eine besonders ausgeprägte, von den meisten anderen Propheten deutlich verschiedene Individualität. Also: wenn je, dann haben wir in A ipsissima verba Jeremiae. Wenn wir nun in unserem Buche Jer. eine äußerlich abgetrennte, für sich stehende Gruppe durch innere und stilistische Merkmale gekennzeichneter Orakel, die alle Zeichen einer wortgetreuen Überlieferung an der Stirn tragen, neben einer Gruppe Erzählungen, in denen der Wortlaut der gesprochenen Worte eine mehr nebensächliche Rolle spielt (s. unten), finden, so haben wir fraglos das Recht, anzunehmen, daß diese Gruppen auch selbständige Sammlungen und somit selbständige Quellen darstellen. Unsere Gruppe A ist nicht lediglich eine von uns willkürlich ausgeschiedene Gruppe Orakel derselben literarischen Gattung — sie umfaßt vielmehr viele Gattungen —, sondern sie ist literaturgeschichtlich ein Werk für sich, das später mit anderen Werken zusammengearbeitet worden ist.

Die Sammlung A ist, literarisch betrachtet, nichts als eine Sammlung. Von Ordnung, Einteilung, geschichtlichen und biographischen Notizen, kurz von einer selbständigen Verfasserwirksamkeit des Sammlers finden sich nur geringe Spuren. Zweck der Quelle A ist ein-

ist doch fraglos älter als Zakarja, und der Gedanke ist natürlich so alt wie die Enttäuschung gewisser Kreise über den jeweiligen König. Über „Echtheit" oder „Unechtheit" entscheidet dann schließlich nur das intuitive Gefühl jedes einzelnen Exegeten. — Das Stück ist von dem Interpolator in Kap. 33 abgeschrieben worden.

[1] 23,19 f. = 30,23 f. stehen hier in ihrem ursprünglichen Zusammenhang. Der Prophet warnt gegen die „falschen" Propheten, die nur Heil predigen, die aber nichts gehört haben. „Höret nicht auf sie! Denn wer hat in Jhwh's Rat gestanden, und wer hat seine Worte gehört?" Sinn: keiner von jenen, sondern zur Zeit nur ich Jirmějâhû. Und was ich weiß, das will ich jetzt mitteilen: nicht Friede und Heil wird kommen, ein Sturm von Jhwh erhebt sich, eine wirbelnde Windsbraut wird über die Bösen hinfahren; nicht läßt Jhwh's Zorn ab, bis er die Gedanken seines Herzens ausgeführt hat. Das werdet ihr später einsehen, wenn ihr wisset, was jetzt nur ich weiß und das ihr nicht wissen wollet! Ein solcher Zusammenhang ist in 30,23 f. nicht vorhanden, 30,23 f. sind somit nach unserer Stelle interpoliert.

[2] V. 25—28 unterbrechen den deutlichen formellen Zusammenhang zwischen V. 24 und V. 29; das Stück ist auch inhaltlich so matt, daß es wohl immer nur ein literarisches Dasein gefristet hat.

fach: eine möglichst vollständige Sammlung jirmejanischer Orakel zu geben. Weiter nichts. Person, Geschichte, Zeit, Lebensumstände des Propheten aufzuklären, seine Umwelt zu schildern oder anzudeuten, daran denkt der Sammler gar nicht; er will lediglich die Weissagungen mitteilen.

Ganz ohne Spuren einer redaktionellen Tätigkeit des R^A (d. h. des Redaktors, bezw. Sammlers von A) ist nun unsere Sammlung indessen nicht. Abgesehen von den C und B zugehörigen Stücken (s. unten) finden sich allerdings in den Kapiteln 1—25 mehrere kleinere, z. T. auch größere Stücke, die wir als »unecht« in der Bedeutung von nicht jirmejanisch bezeichnen müssen. Von mehreren dieser Stücke läßt es sich aber nicht mit absoluter Sicherheit sagen, ob sie später, d. h. nach der Vollendung des Werkes des R^J, bezw. noch später, eingeschoben sind, oder ob sie R^A bereits vorgefunden und als vermeintlich jirmejanisch aufgenommen hat. Aber auch abgesehen von diesen Stücken können wir die Tätigkeit des R^A nachweisen. So verdanken wir es seiner redaktionellen Arbeit, wenn sämtliche Orakel über die judäischen Könige an einer Stelle gesammelt sind, 21,11—22,30; allerdings ist es ihm dabei passiert, daß er drei Orakel über Jerusalem mit aufgenommen hat, 21,13f.; 22,6—9 und 20—23. Von R^A stammen also 21,11 a und 22,6 a. Derselbe Redaktor hat auch einige sich mit den Nebiim beschäftigende Orakel zu einer Einheit gesammelt, 23,9—40 und die Überschrift V. 9 geschrieben. Übrigens findet sich in diesem Kap. recht viel Unechtes; ob älteren oder späteren Ursprungs läßt sich nicht immer entscheiden. Dem R^A können wir ferner mit größerer oder geringerer Wahrscheinlichkeit folgende Sätze zuschreiben: 4,11 a; denn das Orakel 11 b—18 ist nicht etwas, was »in jenen (eschatologischen) Tagen«, wie der Redaktor meint, zu Judäa gesagt werden soll, sondern eine jetzt aktuelle, vom Propheten über die Stadt gesprochene Unheilsdrohung; ferner 9,16 a; denn das folgende spricht nicht Jhwh, sondern der Prophet; ebenso 9,21 a. — Auch die jetzige Gestalt von Kap. 14 ist ein Werk des R^A. An und für sich könnte man 14,1—15,4 als eine Liturgie auffassen, so wie GUNKEL diesen literarischen Begriff bestimmt hat: ein zusammenhängendes Stück, in dem verschiedene Stimmen und Stilarten miteinander wechseln. Unser Stück würde dann ein Zwiegespräch zwischen Jhwh und dem Propheten sein, das den Gedanken einprägen wollte, daß Jhwh keine Fürbitte für das Volk annehmen würde. Folgende Gründe sprechen aber gegen diese Auffassung: 1. Die Verbindung und der Zusammenhang zwischen den verschiedenen Stücken ist stilistisch sehr lose, ja eigentlich gar nicht vorhanden. 2. Der Bindesatz in 17 a ist sicher kein ursprünglicher Bestandteil des Ganzen; 17—

22 müßten, wenn wir eine Liturgie vor uns hätten, der Einwand und die erneute Bitte des Propheten sein, keine ihm von Jhwh mitgeteilte Unheilsweissagung. 3. Die beiden Klagelieder handeln von einer großen Dürre, das Gespräch weiß aber nichts davon, sondern handelt von dem (eschatologischen) Untergang überhaupt durch Feindeshand. 4. Das Klagelied 2—10 ist eine in sich geschlossene, völlig abgerundete Einheit, die keine Fortsetzung verlangt. In V. 1—9 spricht der Prophet im Stil des öffentlichen Klageliedes, beschreibt zunächst die Not des Volkes 1—6, legt dann das Sündenbekenntnis ab 7, geht durch ein Vertrauensmotiv 8a zur Bitte über 8b und schließt mit einem Ehrenmotiv 9. Statt der in den Klageliedern häufigen Gewißheit der Erhörung folgt nun — und das ist das Prophetische bei unserem Liede — die Gewißheit der Nichterhörung, und zwar im Stil eines Orakels 10. Jhwh wird dieses Volk nicht erhören und ihm seine Sünden nicht vergeben. Damit ist schon das gesagt, was in 11 ff. wiederholt wird; zwei ursprünglich selbständige Stücke sind hier wegen des gemeinsamen Grundgedankens zusammengestellt. Ein Klagelied des Propheten, keine direkte Weissagung Jhwh's, ist auch das zweite Lied 14,17 aβ—15,2 (V. 3—4 sind wohl nur eine mattere Variante zu V. 2). Der Prophet hebt die Klage ganz unvermittelt an, beschreibt die Not im Lande; von V. 9 an spricht er im Namen des Volkes und im Stile des öffentlichen Klageliedes; im Namen des Volkes legt er das Sündenbekenntnis ab und appelliert an Jhwh, den einzigen Gott und Helfer im Himmel und auf Erden; er steht als völlig solidarisch mit dem Volke da. Noch direkter als im vorhergehenden Liede folgt in der Form einer göttlichen Offenbarung die Gewißheit der Nichterhörung: Jhwh aber sprach zu mir: Wenn auch Mose und Samuel vor mir stünden, ich würde sie nicht erhören! Mit keinem Worte wird im Liede angedeutet, daß der Prophet schon zweimal für das Volk gebetet habe; das Stück ist ganz selbständig. R^{A} hat einerseits das Gespräch, anderseits die beiden Klagelieder vorgefunden; in den Liedern hat er tatsächliche Beweise und Beispiele der im Gespräch erwähnten Fürbitte des Propheten gefunden und daher 2—10 vorangestellt, ohne darauf zu achten, daß er dadurch eigentlich das Gespräch vorweggenommen hat; 17—15,2 hat er zu einer Unheilsweissagung, zu einem eschatologischen Klageliede gemacht und sehr unzutreffend Jhwh in den Mund gelegt. Ein späterer Abschreiber hat dem Ganzen die nur halbwegs zutreffende Überschrift V. 1 vorangestellt (s. unten S, 31 f.).

Wir haben allen Grund, dem R^{A} dankbar zu sein, daß er sich auf dies wenige beschränkt hat und sich damit begnügt, ein treuer Sammler zu sein. —

4. Von dieser Sammlung A hebt sich sehr scharf die zweite Hälfte des Buches 1—45 ab. Wir sehen auch hier von den größeren Reden ab, die den Übergang von der ersten zu der zweiten Hälfte etwas unklar machen, und beschäftigen uns nur mit den geschichtlichen Stücken. Während A als Buch lediglich eine Sammlung ist, ist die Hauptmasse der Kapitel 26—44 das Werk eines Verfassers, nicht nur eines Redaktors. Wir haben es hier mit einem geschichtlichen Werke zu tun, und zwar mit einem personalgeschichtlichen.[1]

Zu diesem Werke, B, wie wir es nennen wollen, gehören folgende Stücke: I. 19,1—2.10—11a. 14—20,6; II. Kap. 26; III. Kap. 28; IV. 29,24—32; V. Kap. 36; VI. 37,1—10; VII. 37,11—16; VIII. 37,17—21; IX. 38,1—13; X. 38,14—28a; XI. 38,28b, 39,3.14.40,2—12[2]; XII 40,13—43,7; XIII. 43,8—13. 44, 15—19. 24—30 (s. S. 10ff.). Der Stil dieser Stücke ist die von der Sagenerzählung beeinflußte geschichtliche Erzählung, die wir z. B. aus den Büchern Samuelis kennen. Eine geschichtliche Erzählung, nicht wie sie die Annalisten und die offiziellen Historiographen des Hofes und des Tempels schreiben, sondern wie sie das Volk, oder die berufsmäßigen Erzähler erzählen. Keine pragmatische Geschichtsschreibung wie sie Herodot als der Erste geschaffen und Thucydides sie ausgebildet hat. Eine solche gibt es im ganzen A. T. nicht, wenn es auch in späterer Zeit häufig behauptet wird; auch die künstlerische und wissenschaftliche Stufe der isländischen Sagas hat die alttestamentliche »Geschichtsschreibung« bei weitem nicht erreicht. Was diese von der griechischen oder nordischen unterscheidet, ist vor allem, daß sie nur eine Geschichtenerzählung, letztere aber Geschichtserzählung ist. Auf derselben Stufe wie die übrigen alttestamentlichen stehen auch die Erzählungen in Jer. 26—44. Der Verfasser will von Jir. erzählen. Freilich nicht von seinem Leben, sondern von einzelnen bedeutungsvollen Taten

[1] Nur in sehr uneigentlichem Sinne darf man hier von einem „biographischen" Werke reden. Eine wirkliche Biographie hat erst Hellas hervorgebracht.

[2] Daß diese Stücke, die jetzt von Redaktornotizen und fremden Bestandteilen auseinander gesprengt sind, zusammengehören und ein Ganzes bilden, ist völlig klar. Nach dem Gesichtspunkt von B fängt mit 38,28b ein neues Stück an, das mitteilen will, wie es dem Propheten bei der Eroberung ging, wie er sich dem Gedalja anschloß, und wie nun eine ruhigere Epoche seines Lebens einzutreten schien, als alle besseren Elemente der übriggebliebenen Bevölkerung sich ebenfalls um Gedalja scharten. Hier sind nun 39,4—13 ein noch in LXX fehlender Zusatz aus Kap. 52; V. 14 schließt sich direkt an V. 3 an; 39,1—2 sind ebenfalls nach Kap. 52 hinzugefügt und sprengen 38,28b 39,3 auseinander. Der weitere Verlauf der Erzählung wird von einem Orakel an Äbäd-Mäläk 39,15—18 und von einer Überschrift 40,1 unterbrochen; die letztere: „Das Wort, das zu Jir. von Jhwh kam u. s. w.", ist ganz sinnlos; es folgt kein Orakel, sondern die Fortsetzung der Erzählung, die Überschrift ist somit aus dem Zusammenhange zu streichen. Auch das Orakel 39,15—18 ist von einem Redaktor hier eingesetzt worden; denn 40,2 schließt sich als Fortsetzung an 39,14 an.

und Erlebnissen. Die Taten eines Propheten aber sind seine Worte. Und Zweck des Verfassers ist es nun, nicht die einzelnen denkwürdigen Erlebnisse an sich, sondern diese, insofern sie Gelegenheit zu denkwürdigen Worten gegeben haben, mitzuteilen. Auf eine ausführliche und wortgetreue Wiedergabe der Orakel hat er es aber nicht abgesehen. Meistens werden nur ganz kurze Worte gegeben, die in einigen Fällen vielleicht den ursprünglichen Wortlaut haben, in anderen aber sicher nur eine gekürzte Wiedergabe, gewissermaßen nur die Pointe der betreffenden Orakel sind. Dies ist deutlich mit Kap. 26, der Tempelrede, der Fall, was aus einem Vergleich mit 7,1—15 hervorgeht. Also: nicht die Ereignisse an sich, auch nicht die Orakel an sich, sondern die Einheit von Wort und Geschichte will der Verfasser geben. Oder genauer: insofern die einzelnen Prophetenworte eine Geschichte haben, will er sie mit ihrer Geschichte, d. h. mit ihrer Veranlassung und ihren Folgen für den Propheten mitteilen. Da die meisten dieser Worte durch irgendeine öffentliche, politische Situation hervorgerufen sind, erhält das Werk z. T. das Gepräge einer Darstellung der Teilnahme Jir.s an der Politik und Geschichte Judas. Der Verfasser wird genötigt, die äußeren Linien dieser Geschichte wenigstens anzudeuten. Das tut er aber meistens in der größten Kürze. So erzählt er z. B. nichts von dem Aufstand Jôjâkîms, von der Regierung und Gefangennahme Jôjâkîms; und von der Regierung Ṣidkîjâs erwähnt er nur die beiden Belagerungen. Diese letztere Tatsache erklärt sich einfach dadurch, daß man in ruhigen Zeiten überhaupt den Worten des Propheten weniger oder gar kein Gewicht beigelegt hat; sie haben deshalb keine Folgen für ihn haben können, und infolgedessen für das dramatisch empfindende Volk und für unseren Verfasser nichts Denkwürdiges gehabt; erst in den Zeiten des Sturmes erhalten sie den Charakter der Volksaufwiegelei, nötigen die Regierenden zum Einschreiten und werden somit von Bedeutung für die äußere Lebensführung des Propheten. Eine politische Geschichte der letzten Zeit Judas hat er ebensowenig schreiben wollen, bezw. können, wie ein »Leben Jirmejâhûs«. Das Interesse an dem Propheten Jir., nicht an der Politik, hat sein Werk diktiert. Ein »Leben Jir.s«, eine Biographie, hat er überhaupt nicht schreiben können und nicht schreiben wollen, einfach weil ihm die erste begriffliche Bedingung dafür fehlte, der Begriff des Bios. Der Begriff des durch eine einheitliche Entwicklung gewordenen oder von einem einheitlichen Charakter getragenen Lebens fehlt überhaupt dem ganzen alten Orient. Auf der Geistesstufe des rein mythischen Denkens kann dieser Begriff nicht aufkommen. Denn in diesem Denken gilt nicht die Gesetzmäßigkeit der Persönlichkeit, sondern die Willkür des göttlichen Willens und der Zauber. Statt des Begriffes des Bios tritt das Schema der Heroenlegende (Beispiele: Sargon; Moses).

Der hier angedeutete Plan des Werkes führt es mit sich, daß es häufig das Gepräge einer Anekdotensammlung erhält; die einzelnen Stücke bestehen ganz für sich und sind nur lose aneinander gereiht. So besonders die ersten der uns überlieferten Stücke. Gegen Ende des Berichts wird die Erzählung zusammenhängender; die Ereignisse folgen sich Schlag auf Schlag, greifen ineinander ein, die Darstellung nähert sich einer pragmatischen. Dies ist natürlich z. T. in den Ereignissen selbst begründet; um die Übersiedelung des Propheten nach Ägypten, seine Rolle bei der Emigration, die Folgen derselben für ihn und seine Wirksamkeit klarzulegen, muß der Verfasser die ganze Geschichte der Provinz in der Zeit nach der Eroberung Jerusalems berühren. Eine gewisse Kunst der Darstellung aber kann man ihm nicht absprechen; man sieht sofort, daß die gute Zeit der judäischen Erzählungskunst noch nicht vorüber ist. Es ist eine volkstümliche einfache und schlichte Erzählungsart, und eine ebenso einfache und natürliche Auffassungsart der geschichtlichen Tatsachen, wie wir sie in den besten Erzählungen der Bücher Samuelis finden. Diese Art hat noch nichts Legendarisches an sich; es sind überall die natürlichen menschlichen Faktoren, die wirksam sind; es hat alles einen vernünftigen Grund, und zwar einen menschlichen. Die Wundersucht, die sich der Geschichtsschreibung sofort bemächtigt, als diese in die Hände der Schriftgelehrten gerät, hat hier noch nicht die Augen der Menschen verdorben. Es besteht ein bedeutender Unterschied zwischen diesen Erzählungen und z. B. den Elišaerzählungen im II. Kg. Sie tragen nicht, wie die Elišasagen und -legenden, zur Ehre und zum Ruhm ihres Gottes und des Gottesmannes durch überschwengliche und z. T. recht törichte Wundergeschichten bei; sondern sie verherrlichen Gott und den Gottesmann dadurch, daß sie zeigen, wie die Worte Gottes durch den Gottesmann trotz aller menschlichen Anstrengungen doch in Erfüllung gingen und gehen mußten, und wie der Prophet diese Worte immer treu verkündete trotz aller Anfeindungen und Verfolgungen. Es zeigt sich in diesen Erzählungen die Denk- und Auffassungsweise des einfachen, frommen, natürlich und daher auch etwas rationalistisch denkenden Volkes. Es sind auch ohne jede Frage Erzählungen, die eine Zeitlang mündlich fortgelebt haben, sei es unter den Zurückgebliebenen in Judäa, sei es in den Kreisen der Ägyptischen Diaspora[1]; nur so erklärt sich ihr anekdotenhafter Charakter und die Abgeschlossenheit und

[1] Die babylonische kommt wegen des Reichtums der Tradition aus der Zeit nach der Eroberung nicht in Betracht.

Selbständigkeit der einzelnen Stücke. Und ebenso ihre fragmentarische Art als ein Ganzes betrachtet; die Sammlung hat weder eine Einleitung noch einen förmlichen Abschluß. Der Verfasser hat wahrscheinlich nicht mehr vom Leben des Jir. gewußt, als was wir jetzt lesen, wenn auch die Möglichkeit nicht geleugnet werden kann, daß einzelne Stücke verloren gegangen sind.

Die ihm bekannten Erzählungen über Jir. hat der Verfasser von B gesammelt und chronologisch geordnet. Denn wenn die genannten Stücke noch jetzt, nachdem sie durch die Hände verschiedener Redaktoren gegangen sind, eine chronologische Reihenfolge aufweisen, so haben sie diese sicher schon in B gehabt. Die einzige Ausnahme bilden jetzt die Stücke 36,1—37,2 und 19,1—20,6. Das letztere befindet sich jetzt von der Hauptmasse der Quelle getrennt, in Wirklichkeit steht es aber insofern an relativ richtiger Stelle, als es ursprünglich tatsächlich eins der ersten Stücke von B gewesen ist. Das geht aus folgender Erwägung hervor: Der letzte Pâḳîd oder zweite Priester des Tempels in vorexilischer Zeit ist der Priester Zephanjâ b. Maʿsejâ gewesen, Jer. 29,26; er wurde von Nebukadressar getötet, II. Kg. 25,16. Sein Vorgänger im Amte war ein gewisser Jôjâdaʿ, Jer. 29,26. Im 4. Jahre des Ṣidḳijâ ist Z. im Amte. Nun scheinen die Ausdrücke von 29,26 besagen zu wollen, daß J. in gewaltsamer Weise aus seinem Amte entfernt wurde; es ist somit recht wahrscheinlich, daß er mit Jôjâkîm deportiert oder damals getötet worden ist. Ist diese Annahme richtig, so ist Z. b. M. beim Regierungsantritt des Ṣ. Pakid geworden. Der 20,1 erwähnte Pašḥûr b. Immer hat dann unter Jôjâḳîm gelebt, und die 19,1 ff. erzählte Episode gehört somit in die Zeit Jôjâḳîms. Warum es von R von der Hauptmasse der Quelle B getrennt und an den jetzigen Platz versetzt worden ist, läßt sich leicht einsehen: es sollte als Beispiel und geschichtlicher Beleg der Anfeindungen dienen, über die Jir. besonders in 18,18—23 und 20,7—13. 14—18 klagt. Die einzige wirkliche Ausnahme, der jetzige Platz des Stückes 36,1—37,2, kann die Tatsache der chronologischen Reihenfolge nicht ändern, und somit müssen wir daran festhalten, daß diese die ursprüngliche Ordnung der Quelle gewesen ist. Wir kommen später auf die Umstellung zurück.

Was nun die Wiedergabe der Orakel in B betrifft, so ist sie, wie gesagt, keine wortgetreue. Sie begnügt sich damit, den Inhalt oder die Pointe derselben mitzuteilen. Dabei ist bemerkenswert, daß sie nie, oder fast nie, rhythmisch, geschweige denn metrisch sind; die einzige Ausnahme bildet 43,8—13, wo ein deutlicher Rhythmus unverkennbar ist.

Daß A und B zwei sehr verschiedene literarische Gattungen sind, kann nach dem angeführten keinem Zweifel unterliegen. Daß sie aber zugleich zwei verschiedene schriftliche Quellen unseres Buches darstellen, ist schon lange behauptet und fast einstimmig angenommen worden, wenn man auch merkwürdigerweise nur in geringem Grade den stilistischen und inhaltlichen Unterschied zwischen den Erzählungen und den eingesprengten Reden gefühlt, und deshalb auch keine Sonderung zwischen diesen beiden Gattungen vorgenommen hat. Den meisten Takt in dieser Hinsicht hat DUHM bewiesen, unglücklicherweise aber wiederum diesen durch die Unechtheitskritik um seinen vollen Wert gebracht. Daß A und B wirklich zwei Quellen sind, geht aus folgenden Gründen hervor. 1. Der soeben hervorgehobene Unterschied in der Auffassung, im Plan, im Zweck und im Inhalt zwischen A und B macht es unzweifelhaft, daß hier zwei verschiedene Verfasser zu Worte kommen. Für A sind die Orakel, die Worte des Jir. das einzig Bedeutungsvolle; für B zugleich seine Person und seine Erlebnisse. A will eine möglichst vollständige Sammlung der Weissagungen geben, B möglichst viele Notizen und Mitteilungen über Jir. selbst. A erstrebt nur Vollständigkeit in der Überlieferung der Worte; B dagegen will zeigen, wie Gottes Wort und der Heldenmut und die Treue des Propheten sich betätigen und ihr Recht behalten; A gibt nur eine lose Aneinanderreihung; B erstrebt, wenn auch nicht immer mit Glück, eine zusammenhängende und chronologisch geordnete Erzählung, A ist das Werk eines Redaktors, B das eines Verfassers. 2. Dasselbe zeigt auch die Wiedergabe der Weissagungen. A muß in seinem Streben nach Vollständigkeit diese möglichst im Wortlaut geben; B hat das nicht nötig, sondern begnügt sich mit dem Hauptinhalt. A gibt daher die Orakel mit wenigen Ausnahmen in ihrer ursprünglichen, metrischen Form, und die Ausnahmen erklären sich dadurch, daß hier der Stil der Visionen vorliegt, der nicht metrisch ist. B dagegen hat mit einer Ausnahme nur kurze Prosaworte. Nun will ich hiermit nicht behauptet haben, daß die späteren Propheten immer die metrische Form gebrauchen müssen, daß sie nicht auch Prosareden haben halten können, wenn ich auch behaupten möchte, daß ein Prophet wie Jir. eine Predigt wie 10,1—16 oder eine hypothetische Verwarnungsrede ohne konkreten Hintergrund wie 17,19—27 nie und nimmer hat halten können; Beruf des Propheten ist immer die Weissagung der Zukunft, und zwar der nächsten Zukunft, nicht das Moralisieren und noch weniger das Aufklären und die Verbesserung der Volksbildung. Wenn aber in A und B durchgehend dieser Unterschied auftritt, und mit dem verschiedenen Plan und Interesse der beiden Gruppen in wesentlichem Zusammenhang steht und daraus seine volle Erklärung erhält, so darf man folgern, daß hier zwei verschiedene Arten der Wiedergabe der Weissagungen, und somit verschiedene Verfasser vorliegen. Zum Glück besitzen wir auch zwei parallele Stellen aus A und B, die diese Folgerung vollends bestätigen, nämlich 36.30 ⧺ 22,19. 30. Daß das Orakel über Jôjâḳîm 36,30 f. eine parallele Variante zu dem Orakel 22,13—19 ist, geht eben aus der Übereinstimmung zwischen 22,19 und 36,30 b hervor. Die Weissagung in Kap. 22 fängt mit einer Verfluchung, einem Wehrufe an, der in eine Scheltrede übergeht, um mit der Weissagung von dem schmählichen Tode des Königs abgeschlossen zu werden. Diese Weissagung gipfelt in der Voraussagung, daß er nicht begraben, sondern wie ein Esel hinausgeschleppt und hingeworfen werden soll. Dies Wort ist die Pointe des ganzen Orakels, mit der alles gesagt ist. Dasselbe wird nun aber mit den Worten in 36,30 b gesagt: sein Leichnam soll hingeworfen und der Hitze bei Tage und der Kälte des Nachts preisgegeben werden. Wenn nun in 36,30 a eine Übertragung der Weissagung über Jôjâkîm — Konja 22,30 und somit eine Parallele zu diesem Verse vorliegen sollte, ist dies ein Beweis mehr für unsere Behauptung; vielleicht sind aber diese Worte zu allgemein und können sehr oft wiederholt worden sein. Jedenfalls haben wir in den genannten Stellen zwei verschiedene Rezensionen desselben Orakels, und somit zwei verschiedene Verfasser und Quellen unseres Buches.

Wir haben schon gesehen, daß die Erzählungen von B ursprünglich mündlich gewesen sein müssen. Ob der Verfasser von B der Erste gewesen, der sie aufgezeichnet hat, können wir natürlich nicht wissen. Indessen können wir mit Sicherheit behaupten, daß er auch schriftliche Quellen benutzt hat, nämlich für die Zeit zwischen der Eroberung Jerusalems und der Flucht nach Ägypten. Das geht aus einem Vergleich zwischen Jer. 40,7—43,7 und der Parallele II. Kg. 25,22—26 hervor. Die wenigen Sätze in II. Kg. finden sich fast wörtlich in Jer. wieder. Daß hier ein literarischer Zusammenhang besteht, liegt auf der Hand. Daß aber der Verfasser von Jer. nicht II. Kg. benutzt hat, ist klar; dazu besitzt er erstens zu viele selbständige und wertvolle Kenntnisse, die sich nicht in II. Kg. finden; zweitens sind diejenigen Stücke des Berichts in Jer., zu denen II. Kg. entsprechende, aber weniger ausführliche Mitteilungen bieten [1], literarisch und stilistisch so einheitlich, daß sie nicht aus II. Kg. und einer zweiten Quelle zusammengearbeitet sein können. Man könnte nun glauben, daß II. Kg. ein gekürzter Bericht nach Jer. wäre. Auch

[1] Vom eigentlichen Sondergut des Jer.-Buches, den Mitteilungen über Jir., wird also hier abgesehen.

dieser Ausweg ist aber ungangbar. Denn es läßt sich schlechterdings kein Grund dafür finden, warum der Redaktor von II. Kg. die Rolle des Jir. während der Belagerung und später hätte streichen sollen und seinen Namen nicht einmal erwähnen, wenn er wirklich so ausführliche Berichte über ihn gehabt hätte, wie sie in Jer. vorliegen. Hat er doch mit großer Ausführlichkeit von Jesaja alles, was er wußte, erzählt. Das ist um so unwahrscheinlicher, als der Redaktor von Kg. von einem deuteronomistischen Gesichtspunkte aus schreibt und nach Kräften sein Werk mit Prophetengeschichten spickt; der Hauptzweck seines Buches ist zu zeigen, wie die, trotz aller Warnungen der Propheten immer und immer wieder begangenen Gesetzesübertretungen des Volkes von der göttlichen Gerechtigkeit geahndet werden in voller Übereinstimmung mit den Voraussagungen derselben Propheten. Wenn er also etwas Positives über Jir. gewußt hätte, hätte er nicht umhin gekonnt, ihn zur Illustrierung seines Grundgedankens heranzuziehen. Da er das nicht getan hat, so darf man mit vollem Recht folgern, daß er weder das Buch Jer. noch unsere Quelle B gekannt hat. Das Verhältnis von II. Kg. und B erklärt sich durch die Annahme, daß eine gemeinsame Quelle ihnen beiden zu Grunde gelegen hat. Diese Quelle hat einen Bericht über den Mord Gedaljas und die Flucht nach Ägypten enthalten, ohne jedoch Jir. zu erwähnen. Dieser Bericht ist einerseits vom Redaktor des II. Kg. gekürzt worden; anderseits hat ihn der Verfasser von B aufgenommen und zur Grundlage seiner Erzählung von der Übersiedelung Jir.s nach Ägypten gemacht; von ihm stammt somit die letzte Hälfte des Stückes 40,13—43,7.

Die Quelle B hat man ziemlich allgemein dem Baruch zuschreiben wollen (z. B. DUHM); anderseits ist auch zugegeben worden, daß die Aufzeichnungen des Baruch nicht in ihrer ursprünglichen Gestalt überliefert worden sind (z. B. CORNILL). Diese Baruchhypothese hat ebensoviel und ebensowenig Wert wie die Hypothesen über den Verfasser des Hebräerbriefes. Mitwirkend zu dieser Hypothese ist wohl die von den Theologen ausgedachte Baruchlegende gewesen: B. sei der Schüler und Privatsekretär (sic!) des Jir. gewesen. In Wirklichkeit ist er ein Sophär, ein berufsmäßiger Schreiber, wie sie auch heutzutage in den Städten des Südens und des Orients noch zu finden sind; in ihren offenen Buden auf den Märkten besorgen sie gegen eine kleine Geldbezahlung allerlei Schreibarbeit, von Urkunden bis Liebesbriefen. B ist eine Sammlung volkstümlicher Erzählungen, und stellt somit keine Aufzeichnung des Baruch dar. Richtig dürfte aber sein, daß das Buch in Ägypten entstanden ist: diese Annahme ist jedenfalls die nächstliegende.

5. Zwischen den einzelnen Stücken von A und B verstreut, hauptsächlich aber eine Art Übergang zwischen den beiden Gruppen bildend, finden wir eine dritte Gruppe und Gattung, die größeren Reden. Können aber nicht diese Reden einer der Quellen A oder B zugehören? Brauchen sie, wenn sie auch eine besondere Gattung bilden, deshalb einer eigenen Quelle zu entstammen? Der Beweis, daß hier eine selbständige Quelle vorliegt, läßt sich womöglich noch sicherer als bei A und B führen. Wenn wir nachweisen können, daß die Stücke dieser Gruppe gemeinsame Eigentümlichkeiten aufweisen, sowohl stilistisch als inhaltlich, daß sie eine besondere Eigenart in der Auffassung und Wiedergabe der prophetischen Orakel haben; wenn ferner diese Gruppe Parallelen zu A oder B oder zu beiden aufweist, dann ist der Beweis geführt.

Ehe wir die Eigenart dieser Quelle C charakterisieren können, müssen wir eine vorläufige Abgrenzung derselben vornehmen. Diese ist immer mit einer gewissen Schwierigkeit verbunden und gewissermaßen ein subjektives Postulat, insofern nämlich als sie selbst, bewußt oder unbewußt, auf der vorzunehmenden Charakteristik fußt; psychologisch gehen die beiden Tätigkeiten Hand in Hand. Wir werden hier von der vorläufigen Beobachtung ausgehen müssen, daß die meisten der mit besonderen Überschriften versehenen Stücke unseres Buches dieselben sprachlichen, stilistischen und inhaltlichen Eigentümlichkeiten aufweisen. Das Postulat, daß diese Stücke eine besondere Quelle bilden, muß sich nun bei einer näheren Untersuchung bewähren. Zur Quelle C rechnen wir somit zunächst folgende Stücke: 7,1—8,3; 11,1—5. 9—14[1]; 18,1—12; 21,1—10; 25,1—11a[2]; 32,1—2.6—16. 24—44[3]; 34,1—7; 34,8—22; 35,1—19; 44,1—14. Sämtliche diese Stücke sind mit derselben Überschrift versehen: »Das Wort, das zu Jir. von Jhwh kam (wörtlich: geschah)«; an diese Formel schließt sich häufig eine mehr oder weniger bestimmte Datierung an.

Abgesehen von 3,6, 29,1. 45,1, die, wie später nachgewiesen werden soll, auch zu C gehören, finden sich im Buche Jir. noch folgende Überschriften: 1,1 ff. 21,11, 23,9. 14,1. 46,1. 47,1. 49,34. 30,1. 46,2 (zwei)

---

[1] 11,6—8 ist ein Einschub, von dem nachexilischen Gesichtspunkt der Erfüllung (V. 8) aus geschrieben; er unterbricht den Gedankenzusammenhang zwischen 1—5 und 9 ff.

[2] Daß V. 11b—14 ein späterer Zusatz, genauer: eine plumpe Interpolation, ist, liegt auf der Hand, s. V. 13. V. 15 ff. sind ganz unabhängig von dem vorhergehenden, mit dem sie überhaupt nichts zu tun haben. Das כי V. 15 fehlt in der LXX.

[3] Die Überschrift ist wohl später erweitert. Ebenso sind V. 17—23 später hinzugefügt, lediglich aus V. 26 ff. ausgesponnen; wenn der Prophet schon in seinem Gebet dem Glauben Ausdruck verliehen hätte, daß nichts für Jhwh zu wunderbar sei, wäre erstens die ganze Frage überflüssig, zweitens die Offenbarung desselben Gedankens in 26 ff. mehr als überflüssig. Zum Gebet gehören ursprünglich nur die beiden ersten Worte von V. 17 nebst V. 24 f.

46,13, 48,1. 49,1. 23.28. 50,1. Von diesen ist 1,1 ff. die Überschrift einer ganzen Sammlung und kommt somit für uns nicht in Betracht; ebensowenig die mit denen von C gleichlautende in 30,1 (s. unten). — Den C-Überschriften am nächsten verwandt ist die von 14,1. 46,1 47,1. 49,34: »אשר היה דבר יהוה אל יר על«: Was als Jhwh's Wort zu Jir. über — — — kam.« Von diesen sind die beiden letzten Stellen mit LXX zu streichen; in 47,1 ist lediglich על־פלשתים zu lesen. Übrig blieben nur zwei Stellen. Die Formel ist keine gewöhnliche nabiistische; sie kommt sonst nirgends vor. Die beiden Stellen müssen doch irgendwie miteinander in Verbindung stehen. Nun ist kaum zu leugnen, daß der Ausdruck sonderbar und wenig hebräisch ist. Wir dürfen sicher die Behauptung aufstellen, daß אשר היה דבר יהוה einfach ein Schreibfehler für דבר יהוה אשר היה ist. Wenn nun von 4 fehlerhaften Stellen die zwei nachweisbar spätere Abschreiberglossen sind, wenn somit deutlich dieser verdrehte, sonderbare Ausdruck einen gewissen Reiz auf die Abschreiber ausgeübt hat, so dürfen wir mit Recht folgern, daß auch die dritte Stelle eine solche spätere Glosse ist. Da nun 46,1 die kaum zu entbehrende Überschrift einer ganzen Sammlung ist, 14,1 dagegen in einer Quelle (A) steht, wo derartige Überschriften sonst nicht vorkommen, so geht daraus hervor, daß 46,1 die Grundstelle und 14,1 zu streichen ist. 46,1 kommt somit bei unserer Quellenuntersuchung ebensowenig in Betracht wie 1,1 ff. und 30,1; wir haben es hier nur mit überschriebenen Einzelstücken zu tun. Von diesen gehören nur zwei der Quelle A an: 21,11 »Über das judäische Königshaus« und 23,9 »Über die Propheten«. Es sind dies Überschriften einer anderen Art als die von C; während diese ausführliche Formeln sind, die 1. den göttlichen Ursprung, 2. das Datum des betreffenden Wortes, bezw. der Rede angeben, so sind jene die möglichst kurzen Inhaltsangaben. Alle die übrigen Überschriften gehören dem Anhang I (Kap. 46—51) an; auch sie sind lediglich kurze Inhaltsangaben, nennen nur die Namen der in den betreffenden Orakeln bedrohten Völker: »Über Ägypten« (46,2); »Über die Philister« (47,1); »Über Moab« (48,1); »Über die Söhne Ammons« (49,1); »Über Edom« (49,7); »Über Damaskus« (49,23); »Über die Reiche Ḳedar und Chasor« (49,28); »Das Wort, das Jhwh über Babel sprach« (50,1)—50,1 b »Über das Land Chaldäa durch den Propheten Jir.« ist eine in LXX fehlende Glosse. 46,2 enthält zwei Überschriften; nach den soeben erwähnten Analogien ist die erstere »Über Ägypten« die ursprüngliche; die letztere »Über das Heer des Pharaos Necho usw.« eine spätere Glosse. Endlich ist 46,13 ohne jede Frage ein späterer und wenig glücklicher Zusatz. Denn 46,3—27 (V. 26 ist ein in LXX fehlender Zusatz, V. 28

eine sekundäre Dublette zu V. 27) bilden nicht zwei, sondern nur ein Orakel; die Situation ist dieselbe in den beiden Teilen des Kap.; auch in V. 14 ff. wird vorausgesetzt, daß die Entscheidungsschlacht außerhalb der Grenzen Ägyptens stattgefunden hat; daher heißt es: »Erzählt es in Migdol, verkündet es in Nof und Tachpanches!« 14 ff. sind die Fortsetzung des ersten Teiles, wo die Katastrophe am Euphrat beschrieben wurde; hier sieht der Prophet das Unheil über Ägypten selbst hereinbrechen, wenn die Flüchtlinge ankommen, die Söldner ihre Posten verlassen, die siegreichen Chaldäer einrücken, das Land verheert wird und die Bewohner exiliert werden. Es zeigt sich somit, daß ausführlichere, formelhafte Einzelüberschriften sich lediglich bei den von uns als Bestandteile einer besonderen Quelle ausgeschiedenen Stücken finden. Die nicht vielen übrigen Überschriften des Buches Jir. sind entweder ganz kurze Inhaltsangaben, oder Sammelüberschriften, oder unechte Glossen. Schon dadurch werden die ausgeschiedenen Stücke zu einer äußeren Einheit zusammengebunden und von A und B unterschieden; in A treten nur ganz vereinzelte Inhaltsangaben auf, und B hat als eine gewissermaßen fortlaufende Erzählung keine Überschriften. Und ebenso wird dadurch sehr wahrscheinlich gemacht, daß 3,6—13; 29,1 a, 3—9, 21 – 23 und Kap. 45, die etwas abweichende Überschriften haben, derselben Quelle C angehören (s. unten).

Mit Ausnahme der beiden Stücke 21,1—10 und 34,1—8 sind die oben erwähnten C-Stücke keine eigentlichen Orakel, sondern Reden. Als Reden sind sie auch sämtlich in Prosa geschrieben. Nur 21,1 ff. und 34,1 ff. können hier als Ausnahmen betrachtet werden; wenn auch kein strenges Metrum sich durchführen läßt, so haben diese Orakel doch einen deutlichen Rhythmus, einen durchgehenden parall. membr. und z. T. einen unverkennbaren poetischen Schwung. Die Prosa der übrigen Reden ist recht nüchtern, meistens wenig schwungvoll. Sie zeichnet sich durch einen recht kargen Wortschatz aus; auch ein Anfänger im Hebräischen kann leicht sämtliche dieser Reden ohne seinen Gesenius lesen, wenn er erst eine gelesen hat. Dasselbe läßt sich dagegen von den Stücken von A durchaus nicht behaupten. Das vornehmste sprachliche Merkmal dieser Reden ist die Monotonie. Für C charakteristische Ausdrücke und Wendungen sind: איש יהודה וישב — לְמַעַן הַכְעִסֵנִי — ביד נטויה ובזרוע חזקה — נִבָּא בשמי לשקר — קטר לבעל — ירושלם — בְעָרי יהודה ובחוצות ירושלם — חרב ורעב ודבר — die Verbindung von הַשְׁכֵּם mit einem zweiten Inf. abs. — הלך אחרי אלהים אחרים. Die Sprache zeigt eine auffällig große Ähnlichkeit mit der »deuteronomischen«

Sprache der redaktionellen Partien von Dtn. Ri., Sam. und Kg.; auch in der Phraseologie finden sich mehrere Berührungspunkte.

Inhaltlich tritt ebenfalls der Charakter dieser Stücke als Reden sehr klar zu Tage. Der Unterschied sowohl von A als von B ist fast überall sehr deutlich. Zunächst ist natürlich der Gesichtspunkt und das Interesse ein ganz anderes als in B. Während B das Hauptgewicht auf die biographischen und geschichtlichen Daten legt, gibt C nur die Reden des Jir. Wann und wo und unter welchen Umständen die Reden gehalten worden sind, ist für C sehr nebensächlich, fast gleichgültig — nur gelegentlich werden einige nähere Umstände zur genaueren Feststellung des Zeitpunkts oder als notwendigste Voraussetzung für das Verständnis der betreffenden Rede in der Überschrift angegeben, aber immer sehr knapp und sozusagen in Klammern. Daß aber auch zwischen A und C charakteristische Unterschiede bestehen, wird aus folgendem hervorgehen. Sämtliche diese Reden sind über ein festes Schema aufgebaut, das mehr oder weniger deutlich, mit größeren oder kleineren Abweichungen immer hervortritt; sie haben in der Hauptsache immer dieselbe Disposition. Davon kann natürlich bei den Orakeln, Visionen und Klageliedern von A keine Rede sein. Das Schema der Disposition ist folgendes: 1. Aufforderung zur Buße und Bekehrung; 2. Feststellung der Unbußfertigkeit; 3. Die Folge derselben: die unabwendbare Strafe. Beispiele: Kap. 11: 1. »Also spricht Jhwh, der Gott Israels: Verflucht sei der Mann, der die Worte dieses Bundes nicht hört, den ich mit euren Vätern geschlossen habe« (V. 3). 2. »Die Männer von Juda und die Bewohner von Jerusalem haben eine Verschwörung gemacht; sie sind zu den Sünden ihrer ersten Väter zurückgekehrt; . . . . das Haus Israel und das Haus Juda haben meinen Bund gebrochen« (V. 9 f). 3. »Darum spricht Jhwh also: ich bringe Unheil über sie« (V. 11). Ebenso Kap. 25,1—11 a: 1. »Drei und zwanzig Jahre lang habe ich zu euch gesprochen, früh und spät, indem ich sagte: bekehret euch!« (V. 4 f). 2. Ihr wolltet aber nicht auf mich hören« (V. 7). 3. »Darum spricht Jhwh der Heerscharen also: Ich schicke nach allen Stämmen des Nordens und lasse sie über dieses Land und dessen Bewohner kommen« (V. 9). Ferner Kap. 34,8 ff.: 1. »Ich habe mit euren Vätern einen Bund geschlossen, ... indem ich sagte: nach 7 Jahren soll jeder von euch seinen hebräischen Bruder, der sich an dich hat verkaufen müssen und dir 6 Jahre gedient hat, frei ausgehen lassen. . . . . . Und nun hattet ihr euch bekehrt und getan, was mir gefällt« (V. 14 f.). 2. »Danach habt ihr aber meinen heiligen Namen entweiht«, (V. 16). 3. »Darum spricht Jhwh also: (folgt die Strafandrohung, V. 17 ff.). Vgl. auch Kap. 35; wo dasselbe

Schema vorkommt, nur daß jede der 3 Thesen auch noch durch das Verhalten der Rekabiten antithetisch beleuchtet wird. Und ferner Kap. 7, wo das Schema zweimal vorkommt: 1. Aufforderung zur Bekehrung V. 3—7. 2. Feststellung der Sünde und der Unbußfertigkeit V. 8—11 a; 3. Strafandrohung, durch das Verbot gegen Fürbitte erweitert, V. 11 b—20. 4. Mit neuer Einleitungsformel wie in V. 3 folgt eine indirekte Aufforderung zur Buße V. 21—26; 5. Feststellung der Unbußfertigkeit V. 27—31; 6. Strafandrohung V. 32—8,3. In Kap. 18, dessen Hauptstück eine Unterweisung über die Macht und das Recht Jhwh's, die Völker nach seinem Willen zu behandeln, folgt als die praktische Anwendung dieser Unterweisung dasselbe Schema, jedoch in anderer Reihenfolge: 1. Strafandrohung V, 11 a; 2. Aufforderung zur Bekehrung V. 11 b; 3. Feststellung der Unbußfertigkeit V. 12. Alle die hier erwähnten Stücke sind typische Schelt- und Drohreden. Was in den Stücken von A gewöhnlich in die Form des Klageliedes oder der kurzen Begründung des Unheilsorakels gekleidet wurde, wird hier als direkte, aufzählende Scheltrede gegeben. Und nicht nur in den soeben erwähnten Stücken, sondern fast überall in C. Die Scheltrede ist dem Verfasser dieser Stücke so ins Blut übergegangen, daß er sie nicht einmal in der Heilsweissagung Kap. 32 lassen kann; auch hier finden sich dieselben drei Momente wie sonst.

Nicht nur sprachlich, sondern auch inhaltlich berühren diese Reden sich eng mit dem »Deuteronomisten«. Ihr Thema ist vor allem die ununterbrochene Sünde Judas, sowohl der Väter, als der Zeitgenossen. Die Männer von Juda haben ausnahmslos auf den Wegen der Väter gewandelt und haben getan, was böse in Jhwh's Augen ist. Die Sünde besteht vor allem in Abfall, Abgötterei; Juda hat fremden Göttern gedient; der Inhalt des Bundes ist, keinen fremden Göttern zu dienen (7,17 ff.; 11,1—14; 25,5 f.; 32,31—35. 44,3 f. 8.10). Freilich wird auch der ethische Inhalt der Forderungen Jhwh's betont, besonders in der fast klassischen Stelle 7,5 f. 21 f.; in dieser »Tempelrede«, wo der Redaktor den gesamten Inhalt der jirmejanischen »Lehre« hat darstellen wollen, ist es natürlich nicht möglich gewesen zu vergessen, daß Jir. ein Gegner des dinglichen Kultus gewesen. Bemerkenswert ist es aber, daß dieser Gedanke nur in diesem Kapitel hervortritt. Diese Sachlage bildet zwar keinen Gegensatz, geschweige denn einen Widerspruch zu den Stücken von A; wohl aber haben wir hier zwei verschiedene Gesichtspunkte, verschiedene Interessen und verschiedene Betonungen und Gruppierungen der Momente. Auch in A nehmen die Drohungen gegen die Abgötterei einen breiten Platz ein, auch hier ist häufig Abfall = Abgötterei: daneben sind aber die Zeugnisse einer ethischen Auffassung der göttlichen Forderungen viel häufiger und durchgehender als in C. vgl. 5,1 f. 8—28—30 f. 6,13—20 8,8—10. 9,1—8. Auch in A wird die Religion als die Beobachtung eines göttlichen Gesetzes betrachtet; nirgends findet sich aber eine Spur davon, daß dieses Gesetz als eine fest umschriebene, schriftlich und kasuistisch bestimmte Größe aufgefaßt worden sei; vielmehr könnte man in der berühmten Stelle 8,8 eine geradezu antinomistische Auffassung im Prinzip finden. In den C-Stücken jedoch ist es unleugbar, daß sich eine mehr nomistische, und zwar deuteronomistische Betrachtung des göttlichen Willens findet. So 44,10, wo der Wille Jhwh's als sein Gesetz und seine Gebote bestimmt wird. In 34,8 ff. wird die Wiederaufnahme der Belagerung und der Untergang Jerusalems als die Strafe für die Übertretung eines deuteronomistischen Gebotes Dtn. 15,1—12 betrachtet; die Sünde Jerusalems ist, daß dieses Gebot so lange mißachtet worden ist; eine Bekehrung zu Jhwh ist es, wenn man einmal danach wirklich verfährt. Und daß mit dem Bunde, den Jhwh mit Israel bei dem Auszug aus Ägypten geschlossen hat, V. 13 Dtn. gemeint ist, darf kaum bezweifelt werden. Unzweifelhaft ist es jedenfalls, daß der Bund in Kap. 11 Dtn. ist; die z. T. wörtlichen Anklänge an Dtn. sprechen zu deutlich; V. 3 vgl. Dtn. 27,26; V. 4 vgl. Dtn. 4,26; V. 5 vgl. Dtn. 8,18 u. ä. Der Spruch V. 12 f. + 2,28 hat daher auch in diesem Zusammenhang eine spezifisch deuteronomistische Nebenbedeutung erhalten und ist zu einem Angriff auf den außerjerusalemischen Kultus überhaupt geworden; daß dieser Kultus ohne weiteres als Abgötterei gestempelt wird, versteht sich von selbst.

Wie der Begriff der Religion, so ist auch der Begriff des Propheten in den C-Stücken der deuteronomistische. Dieser Begriff hat im Laufe der Zeit eine Wandlung durchgemacht. Ursprünglich bezeichnet der Nâbî den Enthusiasten, den vom Geiste Besessenen, der sich wie ein Wahnsinniger gebärdet und mystische Gottesworte spricht, worin er die Zukunft enthüllt und z. T. mit beeinflußt[1]. Auf der nächsten Stufe der Entwicklung hat der Nabi den Seher, den Träumer und den übrigen magischen und mantischen Geheimkünstler verdrängt; der Enthusiast ist zugleich ein Visionär und ein Ekstatiker, daneben auch ein Beschwörer, Zauberer und Medizinmann geworden. Die Zukunft und die Weissagung ist immer noch sein Hauptberuf. Die eigentliche Wandlung des Begriffes wird durch die sogenannten großen Propheten herbeigeführt. Zwar steht auch bei diesen, die z. T. keine berufsmäßigen, zünftigen Ne-

[1] „Om nebiisme og profeti" N. T. T. 1909.

biim gewesen, die Zukunftsenthüllung im Vordergrund; daß der Prophet in erster Linie Wahrsager ist, hätte nie geleugnet werden sollen. Das neue bei ihnen ist, daß sie von sich aus, nicht ex professo, mit ihren Wahrsagungen auftreten, weil sie sich bewußt sind, Jhwh's Willen mitzuteilen und mitteilen zu müssen; »Zwang ist über ihnen«, aber sie versetzen sich nicht mehr selbst durch Tanzen und Spielen in den Zustand des Weissagens. Ferner können sie auch sagen, warum Jhwh dies und das tut; sie können die zu erwartende Zukunft begründen, und zwar — was das Bedeutungsvolle ist — ethisch begründen. Weil die Menschen das und das tun, so will und muß Jhwh so und so darauf reagieren. Diese ethische Motivierung mitzuteilen, wird nun ihr eigentlicher Beruf. Sie werden somit das Gewissen des Volkes und der Gemeinschaft, das vor jener drohenden Gefahr warnt, und auf ihre Ursache hinweist; sie geben dadurch dem Volk die Möglichkeit, der Gefahr zu entrinnen, und zwar durch das Mittel der Bekehrung. Der Prophet wird somit ein »Wächter« des Volkes (6,17), ein »Prüfer« in Israel (6,27). Dabei sind sie sich bewußt, daß sie mit diesem Berufe alleinstehen, daß sie vereinzelte Erscheinungen sind, daß sie mit den gewöhnlichen Nebiim, die in der alten Weise weiter fortexistieren bis in recht späte nachexilische Zeit (Neh. 6,7), und aus denen schließlich die Exorkisten der neutestamentlichen Zeit hervorgegangen sind, nichts oder wenig gemeinsam haben; die großen Propheten sind einstimmig in ihrer Verurteilung und Verwerfung der gewöhnlichen Nebiim[1]. — Auf dieser Stufe steht der Prophetbegriff von A, die Auffassung der volkstümlichen Erzählungen von B ist z. T. altertümlicher und naiver; Jir. tritt hier mehr in der Tracht der berufsmäßigen Nebiim auf. — Nach dem geschichtlichen Eindruck der großen prophetischen Persönlichkeiten hat sich der »kanonische«, Prophetbegriff geformt. Diese spätere, ungeschichtliche Auffassung zeichnet sich zunächst durch ihre Inkonsequenz aus. Sämtliche Züge der älteren und neueren Nabierscheinungen werden in ihr vereinigt. Der Prophet ist ein Enthusiast, ein Ekstatiker, ein Träumer, ein Visionär, ein Verfasser, ein vom Geiste Inspirierter und Einer, zu dem Jhwh mündlich spricht wie ein Mensch zu einem Menschen. Diese Mischung wird auch noch durch die Apokalyptik bereichert. Sachlich ist der Prophet nach der kanonischen Auffassung ein Wahrsager und ein Wundermacher; hauptsächlich ist er aber ein Gesetzgeber, ein Verfasser der kanonischen Bücher und ein Prediger und Seelsorger. Die Erhaltung

[1] Vgl. „Profeternes forhold til nebiismen", N. T. T. 1910. Die daselbst aufgestellte Behauptung, daß sämtliche „Propheten" mit Amos jede, sogar eine äußere, Ähnlichkeit mit den Nebiim geleugnet haben, ist unhaltbar.

des religiösen und ethischen Lebens ist seine Aufgabe. Er ist ferner eine Größe der Vergangenheit, der klassischen Epoche der Religion und Geschichte, von Mose bis Esra; die böse Gegenwart, wo Jhwh's Wunder nicht mehr deutlich wirken, hat auch keine Propheten; der Kanon ist ja abgeschlossen, woher sollten also die Propheten kommen? Was Jhwh den Menschen zu sagen hat, ist schon gesagt. Der Prophet Mose hat die Thora gegeben; die Propheten Josua, Samuel u. s. w. haben die Geschichtsbücher geschrieben; die Propheten Jesaja, Jirmeja u. s. w. haben die schönen Weissagungen und die erbaulichen Reden und Predigten geschrieben, auch andre Bücher wie Threni oder Ijob; David hat »prophetisch« die Psalmen gedichtet, die Priester und Leviten haben beim Kultus »prophetisch» vorgespielt und vorgesungen, zur Belehrung der Nachwelt (I. Chr. 25,1. 5). Das eigentliche Charakteristikum des kanonischen Prophetbegriffes ist aber folgendes: Die Nebiim bilden ein für Israel charakteristisches, übernatürliches Institut von Religions- und Offenbarungsträgern, das sich durch die ganze klassische Epoche der Religion erstreckt. Von Mose geht über Samuel, Elija u. s. w. bis Esra eine ununterbrochene, institutionelle Reihe von inspirierten Gesetzgebern, Gottesoffenbarern, Predigern und Seelsorgern. Kraft ihrer Inspiration weissagen sie die Geschichte und verwirklichen nachher dieselbe Geschichte. Nächst Mose ist ihr größter Vertreter Samuel. Da das Volk — »die Väter« — immer oder fast immer nur Frevel begangen hat, immer gegen Jhwh's Willen widerspenstig gewesen ist, so ist der Hauptberuf der Propheten immer das Schelten und Drohen gewesen; daneben haben sie auch eine bessere Zukunft geweissagt. — Dieser Prophetbegriff ist, wenn auch nicht so deutlich ausgeprägt, der Prophetbegriff der C-Stücke. Jir.s Beruf ist das Schelten und Drohen. Er tritt als Redner auf und hält fast immer dieselbe Rede mit denselben drei Momenten. Daneben verkündet er einige reine Unheilsweissagungen (Kap. 21. 34,1 ff. 46,13 ff.), aber auch eine mit gehörigen Scheltworten gespickte Heilsweissagung (32). Er gibt Belehrungen über Jhwh's Allmacht und Jhwh's Recht (18). Sein Hauptthema ist die Warnung gegen Gesetzesübertretung, gegen Abgötterei, gegen alle Sünden überhaupt; er ist der Hüter der Religion und der Moral. Seine Warnung ist: übertretet nicht das Gesetz Jhwh's, das Deuteronomium. Er weiß sich als ein Glied einer durch die ganze Geschichte sich erstreckenden Reihe von Propheten, die alle denselben Beruf gehabt haben; immer und immer hat Jhwh Propheten gesandt, damit sie über das Gesetz wachen und gegen Abgötterei warnen (44,4). Die Bußpredigt, der Ruf »Bekehrt euch!« ist Sache des Propheten (35,15 23,5).

Wir haben gesehen, daß zwischen A und B einerseits und den hier als C bezeichneten Stücken anderseits charakteristische, sprachliche und inhaltliche Unterschiede bestehen. Diese sind der Art, daß sie als drei verschiedene Arten von Auffassung und Wiedergabe der prophetischen Orakel bezeichnet werden müssen. Während A die Orakel des Jir. in dem ursprünglichen metrischen Wortlaut geben will, B vom Gottesmann Jir. und seinem Geschick erzählt, und dabei die an die verschiedenen Begebenheiten geknüpften Orakel in sehr abgekürzter, prosaischer Wiedergabe mitteilt, hat C von der vielseitigen Wirksamkeit des Propheten eigentlich nur seine Tätigkeit als Moral- und Strafprediger herausgegriffen, hat ihn im Lichte der unhistorischen »deuteronomistischen« Auffassung gesehen und dementsprechend seine Orakel charakteristisch wiedergegeben. Aus den Orakeln sind Schelt- und Drohreden geworden, aus der Mannigfaltigkeit ist Monotonie, aus dem Reichtum der Ideen und Gedanken, Formen und Stimmungen ist sprachliche und inhaltliche Armut, und aus den vielen persönlichen Ausbrüchen und Empfindungen, aus der ganzen spezifischen Individualität des großen Mannes ist eine Schattenfigur einer dogmatischen Theorie geworden. Von dem Menschen Jirmějâhû, der uns sowohl in A wie auch, wenn schon etwas naiver gezeichnet, in B so lebendig vor die Augen tritt, ist in C schlechterdings nichts geblieben. Dies alles genügt unseres Erachtens als Beweis dafür, daß C eine besondere Quelle ist, die weder vom Sammler von A noch vom Verfasser von B geschrieben oder gesammelt sein kann. A stammt von einem treuen Sammler und Erhalter der prophetischen Tradition, B von einem geschichtlichen Verfasser und einem Bewunderer der Person und des Lebens des Propheten; C dagegen von einem Verfasser, der die Tradition nach einer Theorie und einem Schema umgebildet hat.

Wenn nun hierzu kommt, daß C eine Reihe von Parallelen zu den anderen Rezensionen aufweisen kann, Parallelen, wo die charakteristischen Unterschiede in Auffassung und Wiedergabe klar zu Tage treten, so ist die Folgerung unabweisbar, daß C eine von A und von B verschiedene Quelle ist. Wir haben diese Parallelen schon früher behandelt. Die meisten stammen aus B; 7,1—8,3 C ⧺ 26,1—6 B; 7,17 ff. C ⧺ 44,15 ff. B; 21,9 C ⧺ 38,2 B; 44,1—14 C ⧺ 43,8—15. 44,13 ff. B; 25,1—11 a C ⧺ 36 B. Die Parallelen zu A sind nicht ganz so charakteristisch wie diejenigen zu B; dafür sind aber die inhaltlichen, sprachlichen, stilistischen und formellen Unterschiede hier noch viel deutlicher. In Übereinstimmung mit der ganzen Art und dem Wesen der C-Stücke, haben hier die mit A gemeinsamen Sprüche eine weit farblosere, allgemeinere, weniger konkrete Gestalt angenommen. So z. B. 16,9, das in C zweimal vorkommt, 7,34 und 25,10. Man hat hier den Eindruck, daß der Verfasser von C seine Reden frei komponiert hat, nur mit gelegentlicher Verwendung von jirmejanischen Redensarten. Weder in 7,34 noch in 25,10 ist eben diese Gestalt der Unheilsweissagung durch den Zusammenhang oder das Thema irgendwie begründet; es hätte ebenso gut jeder beliebige Unheilsspruch an Stelle des Verses stehen können, es kommt an diesen beiden Stellen nur auf den allgemeinen Sinn an: Jhwh wird das Land verwüsten und die Bevölkerung ausrotten oder wegführen. Anders dagegen in 16,9. Wenn hier die Verwüstung und Ausrottung als ein Entfernen der Freude und des Festjubels, ein Verstummen der Stimmen von Braut und Bräutigam, d. h. als ein Aufhören jedes festlichen Geräusches und jedes geselligen Zusammenseins genannt werden, so steht diese Gestalt der Unheilsverkündigung im Zusammenhang mit dem hier behandelten Thema überhaupt, dem Befehl an Jir., nicht an den Festlichkeiten und Gelagen des Volkes teilzunehmen. Derselben Art ist das Verhältnis zwischen 1,10 und 18,7.9. In 1,10 wird der Beruf und die Macht des Propheten als eine Macht über die Völker und Königreiche zum Ausreißen und Niederbrechen, zum Aufbauen und Pflanzen angegeben; das ist die alte Machtbefugnis des Nabi; er steht in erster Linie im Dienste der Öffentlichkeit; durch sein zauberkräftiges Wort soll er im Dienste des Gottes und des Königs das Reich erhalten, ihm Glück weissagen und so durch die Zauberkraft das gesprochenen Wortes das Glück heraufbeschwören, das Reich und das Volk des Feindes dagegen zerstören, ihm Unheil und Untergang bringen. In diese Worte kleidet auch Jir. seine göttliche Vollmacht. In Kap. 18 sind diese Worte das Thema einer Belehrung über die Macht und das freie Verfügen Gottes über die Völker geworden; daß diese Wirksamkeit Gottes durch den Nabi geschieht, wird nicht einmal angedeutet, sondern nur stillschweigend vorausgesetzt. Diese beiden Beispiele zeigen, daß in C eine ganz andere Auffassung und Verwendung der prophetischen Worte vorliegt, und daß der Sammler und Überlieferer von A unmöglich mit dem Bearbeiter von C identisch sein kann.

Ehe wir C verlassen, erübrigt es noch einige Stücke zu besprechen, deren Quelle wir noch nicht bestimmt haben: Kap. 27; 29,1—23; 3,6—13; 22,1—5; 39,15—18 und Kap. 45. Obgleich sie nicht die charakteristische Überschrift tragen, ist es meines Erachtens kaum zweifelhaft, daß sie der Quelle C angehören. Denn, wie oben gezeigt, finden sich derartige Überschriften in keiner der anderen Quellen unseres Buches. Kap. 29,1—23 ist ein typisches Beispiel der späteren Diaskeuase unseres Buches. Das Kapitel wimmelt von Interpolationen, Glossen und unechten Erweiterungen, die sowohl Inhalt als Form völlig konfundiert und auf den Kopf gestellt haben. Der Inhalt ist ein Brief des Jir. an die Exulierten in Babylonien; Zweck des Briefes ist nach 5—9 deutlich, nämlich ihnen jede Hoffnung auf einen baldigen Umschwung der politischen Lage und auf eine Rückkehr nach dem befreiten Jerusalem zu nehmen; jede Prophezeiung einer baldigen Befreiung sei eitel Lug und Trug, und die falschen Propheten werden der furchtbaren Rache Jhwh's anheimfallen; die Exulanten haben daher nichts Besseres zu tun als Babylonien als ihr Vaterland zu betrachten und sich danach einzurichten. Dieser Brief ist natürlich an die Leiter der jüdischen Volksgemeinde in Babylonien gerichtet, wie es auch in V. 1 angegeben wird; selbstverständlich ist die ganze Gemeinde als Leser, oder vielmehr Zuhörer, gedacht, wenn aber V. 1 diese, und nicht die eigentlichen Adressaten hätte nennen wollen, so würde einfach »an die Exulierten« oder ähnl. stehen; da »der Rest der Ältesten« ausdrücklich genannt wird, so will V. 1 die Adressaten angeben; »und an die Priester und Propheten und das ganze Volk« ist somit ein späterer Zusatz. Ein zweiter Glossator hat den Relativsatz V. 1 b, der noch in LXX fehlt, hinzugefügt. Wieder ein Anderer hat die überflüssige Datierung in V. 2 eingeschoben; der Brief ist schon durch V. 3 viel genauer datiert. Daß nun V. 15 auf V. 21 Bezug nimmt, ist klar; die Verse 16—20, die in sehr störender Weise die Verbindung unterbrechen, und dazu in LXX fehlen, sind zweifellos später eingeschoben; der Interpolator hat sowohl 24 (A) wie 25 (C) vor sich gehabt. Aber auch der Zusammenhang zwischen V. 15 und V. 21 ist nicht ursprünglich. Der letzte Teil des Briefes enthält die Warnung und die Drohung gegen die »falschen« Propheten, dieses Thema hat nun der Verfasser schon in V. 8 f. aufgenommen, während die Verse 10—14 etwas ganz anderes besprechen; V. 15 greift wieder auf V. 8 f. zurück; unleugbar ist es aber, daß die Verbindung zwischen V. 15 und V. 21 recht anakoluthisch ist, und daß V. 15 den Eindruck macht, daß er nach einer Unterbrechung die Verbindung mit V. 8 f., in ungeschickter Weise, wieder aufnehmen solle. Nun steht aber auch der Inhalt von 11—14 in striktem Widerspruche zu dem Zweck des Briefes. Der Brief will niederschmettern, nicht erheben; er will den Exulanten die Hoffnung nehmen, nicht ihnen Hoffnung und Mut einflößen. Von der völligen Unbegründetheit ihrer Hoffnung spricht der erste Teil; die Verse 11—14 dagegen geben ihnen Recht in der Hauptsache, verschieben nur den Zeitpunkt der Erfüllung. V. 11—15 sind somit das Werk eines Interpolators, der den Brief gründlich mißverstanden hat. Auch er ist übrigens wieder interpoliert worden; 13 a und das meiste von V. 14 fehlt in LXX; wie chinesische Schachteln sind die Interpolationen in diesem Kapitel ineinander geschoben worden.

Wir haben schon früher gesehen, daß 29,1—23 eine Parallele zu V. 24ff. ist, die sich, was die Art der Wiedergabe, das Interesse des Verfassers betrifft, zueinander verhalten, wie Kap. 7 zu Kap. 26 oder Kap. 25,1—11a zu Kap. 36, mit anderen Worten, sie verhält sich zu einem B-Stück, wie die C-Stücke sich gewöhnlich zu ihren Parallelen aus B verhalten. Sprachlich und inhaltlich kann man nicht erwarten, daß hier die Eigentümlichkeiten von C so klar zu Tage treten werden, wenn überhaupt unser Brief etwas anderes als ein Falsum oder eine freie Komposition sein soll; ich sehe aber keinen stichhaltigen Grund ein, die Authentizität des Briefes zu bezweifeln, wenn er auch den ursprünglichen Wortlaut vielleicht nicht bietet; anderseits spricht die Authentizität nicht gegen seine Zugehörigkeit zu C, wenn auch C sonst eine ziemlich freie Wiedergabe der prophetischen Worte ist. Daß die gewöhnliche Überschrift von C sich nicht findet, ist kaum ausschlaggebend; handelt es sich doch hier um einen Brief und nicht um ein Wort Jhwh's in strengstem Sinne; wenn ein Stück dieser Art eine Überschrift erhalten soll, kann es kaum eine natürlichere haben als V. 1. Zu B kann das Stück nicht gehören; zu A, wo die Stücke ohne Überschriften und ohne Datierungen aneinander gereiht werden, auch nicht. Mit großer Wahrscheinlichkeit können wir somit die Zugehörigkeit zu C postulieren.

Daß Kap. 27 eine Parallele zu Kap. 28 ist, haben wir schon gesehen. Dieses Kapitel trägt alle äußeren und inneren Merkmale der Quelle C. Den weitschweifigen, sprachlich eintönigen Redestil, die Prosa und den Wortschatz hat es mit C gemeinsam. Die Verse 5f. berühren sich inhaltlich und formell sehr eng mit 32,27f. Der Prophetbegriff in V. 18 ist derjenige von C: der Prophet ist nicht Wahrsager, sondern der Fürbitter und der Mittler zwischen Gott und Menschen, der Träger der Religion. Das vorwiegende Interesse an den prophetischen Reden, verbunden mit der völligen Gleichgültigkeit den geschichtlichen Ereignissen gegenüber kennen wir schon als ein Grundmerkmal der Quelle C. Daß die Überschrift fehlt, ist auch hier nicht ausschlaggebend; sie kann sehr wohl vom Redaktor weggeschnitten worden sein wegen einer chronologischen Nichtübereinstimmung mit der Parallele 28,1. Daß nach der Überschrift eine neue Einleitungsformel wie V. 2 folgt, dafür haben wir in einem anderen C-Stück 32,6 ein Beispiel.

Daß 3,6—13 jetzt an einer sekundären Stelle steht, liegt auf der Hand. Wir haben hier einen der wenigen Fälle vor uns, wo man in einer Prophetenschrift aus dem Zusammenhange argumentieren darf. Denn daß V. 19f. die wirkliche Fortsetzung von V. 5 ist, hat man schon längst erkannt. Die metrische Scheltrede mit Klageliedmotiven[1] 3,1—5. 19—20 ist jetzt von zwei fremden Bestandteilen auseinander gesprengt worden, 3,6—13 und 14—18. Es ist nämlich völlig richtig, wenn u. a. BUHL 14—18 von 6—13 trennt. In den Versen 6—13 wendet der Prophet sich zwar in Wirklichkeit an Juda; formell ist das Stück aber eine Weissagung — oder vielleicht besser: eine »Beschwörung« — über Israel—Ephraim; Israel wird aufgefordert, an die Stelle der verstoßenen Juda zu treten. In V. 14 werden direkt angeredet »die Söhne Judas« (nicht das Weib Juda, wie es im vorhergehenden dargestellt war). Da nun die Verse 14—18 fraglos nachexilisch und aus den Verhältnissen des zweiten Tempels heraus geschrieben sind (die Lade wird arg vermißt!) und da ferner die Verse 6—13, wie schon früher bemerkt, eine Parallele zu 1—5, 19—20 bilden, so müssen wir annehmen, daß zuerst die Verse 6—13 in das Gedicht wegen der inhaltlichen Ähnlichkeit eingeschoben worden sind, und daß dann ein Späterer eine Art Quasiparallele zu 21 ff. (vgl. V. 14 und V. 22) fabriziert und interpoliert hat. V. 6—13 dagegen als eine unechte Interpolation in diesem Sinne aufzufassen, dazu liegt kein Grund vor. Nichts spricht für die »Unechtheit« des Stückes; vielmehr müssen wir behaupten, daß V. 10 nur aus den Verhältnissen der nächsten Zeit nach der Einführung des Dtn. verständlich wird, vgl. 8,8 f. Das Stück ist eine von einem Redaktor etwas unglücklich angebrachte Parallele zu 1—5, 19—20. Sachlich identisch sind diese Stücke freilich nicht. Das Gedicht ist vorwiegend eine Klage über Judas Untreue; zwar wird gesagt, daß eine Rückkehr wegen der vielen Sünden nicht mehr möglich ist, wie in 6—13; ein ausdrückliches Verwerfungsurteil wird aber nicht ausgesprochen. Und von der Aufforderung an Ephraim findet sich im Gedicht keine Spur. Es besteht also kein durchgehender Parallelismus, wohl aber eine wichtige und auffällige Übereinstimmung einiger der leitenden Gedanken, die es völlig erklärlich macht, daß ein Redaktor das Stück 6—13 in das Gedicht hineingeschoben hat. — Gegen die Zugehörigkeit zu A spricht nun auch die Datierung. Die Stücke von A sind nicht datiert. Daß es nicht aus B stammt, bedarf keines Beweises. Es liegt somit am nächsten, an C zu denken. Von unseren Quellen besteht nur C aus datierten Reden. Ich möchte annehmen, daß hier einmal die übliche Überschrift der C-Stücke gestanden hat; der Eingang: »Jhwh sprach zu mir in den Tagen des Jôšijâ« ist doch recht singulär und auffällig. Es ist kaum zu kühn, stattdessen zu lesen: »Das Wort, das von Jhwh zu Jir. kam in den Tagen des Jôšijâ.«

1 Der Eingang des Gedichtes hat die Form einer Thorafrage.

Mit der größtmöglichen Wahrscheinlichkeit dürfen wir annehmen, daß 22,1—5 aus C stammen. Zwar fehlt auch hier die übliche Überschrift; sonst hat das Stück alle Merkmale der C-Stücke. Es ist ein hypothetisches Orakel in der Form einer Rede und nach dem üblichen Schema von C aufgebaut: Bekehret euch und übet Recht und Gerechtigkeit im Lande, so wird es euch gut gehen; wenn ihr das aber nicht tut, dann wird dieses Haus eine Ruine werden, ist die Raunung Jhwh's. Es bildet eine Parallele zu 21,11 f. (A), hat auch sonst wörtliche Anklänge an die Königsorakel von A; V. 2 vgl. V. 30; V. 3 vgl. V. 17. Dabei ist aber zu beachten, daß alles, was in den A-Stücken konkret war, hier allgemein, unbestimmt, farblos geworden ist; das ganze Orakel ist eine allgemeine Zusammenfassung der jirmejanischen Königsorakel, nicht an einen besonderen König, sondern an »den König Judas und sein Haus« gerichtet. Die direkten Unheilsdrohungen in A sind hier hypothetische Warnungen geworden. Das ist die Art von C. Zu B gehört das Stück sicher nicht, wegen der vielen Parallelen auch nicht zu A; es bleibt uns somit nur C.

Mit Sicherheit können wir auch 39,15—18 der Sammlung C zurechnen. Wir haben gesehen (S. 24, Anm. 2), daß das Orakel den Zusammenhang zwischen 39,14 und 40,2 unterbricht; auch seiner Art nach kann es nicht zu den umgebenden B-Stücken gehört haben, dagegen zeigt es den Stil und die Form der C-Stücke. Statt der üblichen C-Überschrift hat es: »Und zu Jir. kam das Wort Jhwh's, als er im Wachthof eingesperrt war«. Nun haben wir aber auch gesehen, daß sich in 40,1 eine jetzt ganz sinnlose Überschrift nach der Art von C findet, und es fragt sich nun, wie sie dahin gekommen ist; ist es doch kaum denkbar, daß ein Abschreiber oder Redaktor von sich aus eine Erzählung mit der Überschrift »Das Wort, das zu Jir. von Jhwh kam« ausgestattet habe. Die nächstliegende Erklärung ist diese: 40,1a gehört mit 39,15b »als er im Wachthof eingesperrt war« zusammen als die ursprüngliche Überschrift des Orakels. Durch irgendeinen Zufall ist die erste Hälfte dieser Überschrift vom Abschreiber ausgelassen und am Rande nachgetragen worden; ein mechanisch arbeitender Abschreiber hat sie in den Text an eine falsche Stelle hineingezogen; ein Redaktor hat dann den verstümmelten Vers 39,15 rekonstruiert und 40,1 mit einer Zeitangabe versehen. Seinen jetzigen Platz hat das Orakel bekommen, weil es den Abschluß des Berichtes über die Gefangenschaft des Jir. bilden sollte.

Wir haben bis jetzt angenommen, daß das Orakel an den Schreiber Baruch, Kap. 45, zur Quelle C gehört. Diese Annahme kann sich nur auf die Überschrift stützen; zwingend ist das aber nicht, da sie einen von C abweichenden Wortlaut hat: »Das Wort, das der Pr. Jir. zu B. b.

Nerîjâ sprach«. Aus dem Inhalte oder dem Stil lassen sich keine derartigen Anhaltspunkte gewinnen; wir haben nämlich hier ein wirkliches Orakel im echten Stil, rhythmisch abgefaßt, keine Rede der in der Quelle C üblichen Art. Wir brauchen wohl aber nicht anzunehmen, daß der Verfasser von C nicht gelegentlich auch ein Stück dieser Art vorgefunden und aufgenommen haben kann; auch er ist von der Tradition abhängig und will nur Sammler sein, auch da, wo er eigentlich Bearbeiter ist; auch in 21 und 36,1—8 haben wir Orakel, keine Scheltreden. Ein sicherer Beweis läßt sich hier nicht führen. Zu B gehört das Stück jedoch nicht; zu A wird es auch kaum gehört haben, da A keine geschichtlichen Notizen gibt, keine derartigen Überschriften hat und von einer Aufzeichnung durch Baruch kein Wort sagt; ein späterer Einschub ist es auch nicht, sondern vielmehr der förmliche Abschluß des R^{ABC}, in dessen Werk D erst später eingeschoben worden ist (s. unten); wenn wir nun nicht an eine unabhängige Quelle denken wollen, so bleibt uns nur C. Wenn das Stück aus C stammt, so ist nur V. 1a von R^{C} geschrieben; 1bα »als er alle diese Worte nach dem Diktat des Jir. in ein Buch aufschrieb« sind dann Worte des R^{ABC}; hat dagegen dieser Redaktor es anderswoher, so kann die ganze Überschrift von ihm stammen. — —

6. Wenn wir die jetzige Ordnung und Reihenfolge der Kapitel 26—45 betrachten, kann es nicht zweifelhaft sein, daß eine chronologische Ordnung vom Redaktor beabsichtigt ist. Während es bei einer Sammlung wie C verhältnismäßig gleichgültig ist, wie sie geordnet ist, muß B seiner Natur nach die chronologische Reihenfolge gehabt haben. Der Redaktor hat B zu Grunde gelegt, und die Reden von C je nach ihrer Überschrift und auf ihre vermeintliche Stelle in B hineingearbeitet. Er hat den Gang der Erzählungen beibehalten wollen und nur durch die Reden erweitert. Dieser Plan des Redaktors wird nun durch die Kapitel 30—31 zerstört; diese Kapitel unterbrechen fraglos einen beabsichtigten Zusammenhang, der dadurch nicht besser geworden ist, daß er zum zweiten Mal durch das z. T. noch in LXX fehlende Kap. 33 durchbrochen worden ist (s. später). Daß die Kapitel 30f. eine selbständige, in sich abgeschlossene Sammlung bilden, geht daraus hervor, daß sie inhaltlich einen einheitlichen Gedanken zum Ausdruck bringen und ein besonderes Thema erschöpfen wollen, äußerlich aber sowohl durch Überschrift und Abschluß als durch ein durchgehendes Stichwort abgerundet und zusammengehalten werden. Wir müssen aber sofort erwähnen, daß zu dieser ursprünglich selbständigen Sammlung nicht die Verse

31,29—40 gehören; den förmlichen Abschluß der Sammlung bilden 31,26 und 27 f.; wir werden sofort darauf zurückkommen.

Der Abschnitt hat jetzt eine doppelte Überschrift. Wir werden zunächst die erstere, 30,1—3 untersuchen. Die Sammlung wird V. 1 als das Wort, das von Jhwh zu Jir. kam, bezeichnet. Ferner wird gesagt, daß ihm befohlen wurde, »alle die Worte, die ich zu dir gesprochen habe, in ein Buch aufzuschreiben«. Dieser Befehl wird folgendermaßen begründet: »Denn Tage werden kommen, wo ich das Schicksal meines Volkes Israel und Juda wende, spricht Jhwh«. D. h. die Worte sollen aufgezeichnet werden als ein Zeugnis für die Zukunft, da Jhwh das Heil bringen wird; dadurch sind die aufzuzeichnenden Worte als Heilsweissagungen gekennzeichnet; der Verfasser von 1—3 hat eine Orakelsammlung im Auge gehabt, die sich mit dem Heil Israels beschäftigt hat. Daraus geht hervor, daß der Ausdruck »alle diese Worte« V. 2 nicht die im Buche Jir. befindlichen Orakel bezeichnen kann, die mit wenigen Ausnahmen lediglich Unheilsweissagungen sind, sondern »alle diese Worte« müssen eben unser Abschnitt sein. Der genannte Verfasser hat sich Jir. als einen Heilspropheten vorgestellt, und »alle seine Heilsweissagungen« hat er in 30,4—31,26 zu finden geglaubt. In vollem Einklang mit dem in V. 1—3 angegebenen Zwecke des Buches steht das durchgehende Stichwort »ich werde ihr Schicksal wenden« 30,3. 18. 31,23. Der sachliche und formelle Abschluß der Sammlung ist deutlich V. 27 f. Wie die Einleitung den Plan Jhwh's, das Schicksal Israels und Judas zu wenden, mitteilt, und dem Jir. den Befehl gibt, diesen Beschluß aufzuzeichnen, so bringt der Schluß 31,27 f. eine nochmalige, ausdrückliche Wiederholung desselben Gedankens mit wörtlichen Anklängen an frühere jirmejanische Unheilsweissagungen, die jetzt durch die neue göttliche Willensäußerung außer Kraft gesetzt werden. Zwischen 30,1—3 und 31,27 f. besteht eine deutliche Verbindung; die beiden Stellen sind unleugbar von demselben Verfasser geschrieben, und zwar als Einleitung und Abschluß eines besonderen Abschnittes unseres Buches. Denn wie die Anspielungen auf 1,10—12 in 31,27 f. zeigen, stammen diese Verse von demjenigen Redaktor her, der die Heilsweissagungen in das Buch Jer. hineingesetzt und dadurch den vom R^J herrührenden Zusammenhang Kap. 26—45 unterbrochen hat. Jener Redaktor hat durch diese Verse die Heilsorakel deutlich als jirmejanische bezeichnet.

Nun fragt es sich aber: hat dieser Redaktor selbst die Sammlung vorgenommen, oder hat er sie vorgefunden? Wenn das letztere der Fall sein sollte, dann ist unsere Behauptung, daß die Kapitel 30—31 ein späterer Einschub sind, zur Evidenz bewiesen, und wir dürfen auch hier von einer besonderen »Quelle« unseres Buches sprechen. Dies ist nun tatsächlich der Fall. Unsere Sammlung hat nämlich nicht nur eine doppelte Überschrift, sondern auch einen doppelten Abschluß. Nach der Überschrift 30,1—3 folgt eine zweite, V. 4 »dies sind die Worte, die Jhwh über Israel und Juda gesprochen hat«. Mit dem »So hat Jhwh gesprochen« V. 5 hebt der angebliche Prophet seine Weissagungen an. In Zusammenhang mit diesem Anfang stehen die Schlußworte 31,26: der Prophet hat nun sämtliche ihm von Jhwh zugeraunten Worte mitgeteilt, und spricht nun in seinem eigenen Namen seine freudige Genugtuung über den tröstenden Inhalt dieser göttlichen Kunde aus: »Daher erwachte ich, und mein Traum war mir angenehm.« In diesem Verse, den man merkwürdigerweise hat streichen wollen, gibt der erste Redaktor der Sammlung sich als einen Propheten zu erkennen, der in einem Traume eine herrliche Offenbarung gehabt hat. Um so deutlicher wird es nun, daß 31,27 f. ein sekundärer Abschluß ist; nach V. 26 ist kein Platz mehr für ein Orakel. Es geht aus dieser Doppelheit zur Evidenz hervor, daß der Verfasser von 30,1—3. 31,27 f. eine fertig abgeschlossene, mit Überschrift und Abschlußformel versehene Sammlung vorgefunden und in das Buch des R^J eingeschoben hat, indem er sie mit einem jirmejanischen Rahmen versehen hat. Diese Sammlung D hat gar nicht den Anspruch jirmejanisch zu sein erhoben; sie ist ursprünglich anonym gewesen, trägt keinen Verfassernamen an der Stirn und gibt somit über ihren Verfasser keine Andeutungen.

Daß der Verfasser von 30,3. 31,26 kein wirklicher Prophet ist und die von ihm mitgeteilten Orakel nicht selbst verfaßt hat, sondern lediglich ein Redaktor und Bearbeiter älterer Weissagungen ist, der den Mantel des Propheten literarisch angelegt hat, ist völlig klar. Denn daß in Kap. 31 ältere Weissagungen über Ephraim durch spätere Bearbeitungen zu Orakeln über Israel und Juda umgebildet worden sind (DUHM), darf meines Erachtens nicht bezweifelt werden; die Gleichstellung Ephraim = Israel ist zu deutlich (vgl. V. 9). Den Sammler und Bearbeiter dieser älteren und jüngeren Orakel in D nennen wir R^D. Von ihm stammen die Verse 30,3 und 31,26; ferner der Verbindungsvers 31,1 und der Schluß der Sammlung 31,23—25; ebenso die auf Juda und Jerusalem bezüglichen Zusätze und Änderungen in Kap. 31.

Wenn unsere Auffassung von 31,27 f. richtig ist, so sind die Verse 29—40 eine Reihe späterer Interpolationen, die sich den Heilsorakeln anschließen. Da sie später als R^{ABCD} sind, gehören sie wohl zu den spätesten Zusätzen zum Buche Jer. Die abweichende Ordnung der LXX zeigt auch, wie sie allmählich hinzugekommen sind. Dasselbe gilt von Kap. 33, das mit der Überschrift und mit dem Stichworte »das Schicksal wenden« sowohl auf Kap. 32 C als 30f. D Bezug nimmt und dazu 23,5 f. A abgeschrieben hat; es ist somit später als R^{ABCD}; die Hälfte fehlt noch in LXX. — —

7. Es ist nunmehr nicht zweifelhaft, wo man die Rolle aus dem 4. Jahre des Jôjâkîm zu suchen hat. Nur A bietet wörtlich authentische Überlieferung der jirmejanischen Orakel. Wenn überhaupt, dann muß die »Urrolle« vom R^A benutzt worden sein. Die Aufgabe, diese Rolle selbst wieder herzustellen, ist unlösbar. Einfach deshalb, weil die meisten Orakel, ihrem ganzen Stil und ihrer Art nach, eine genaue Datierung nicht erlauben. Wir können höchstens mit Bestimmtheit sagen, daß mehrere der A-Stücke in der Rolle nicht gestanden haben. Damit ist aber nicht gesagt, welche Stücke wirklich dort gestanden haben, und wie das Buch ausgesehen hat, ob es lediglich »ein Buch der Lieder« gewesen, oder »bereits Buchcharakter getragen hat, also das Ergebnis einer gestaltenden und redigierenden Tätigkeit Jeremias selbst« gewesen ist (Worte CORNILLS); auch diese letztere Frage ist meines Erachtens unlösbar. — —

8. Wir haben schon gesehen, daß 31,29—40 und Kap. 33 eine Reihe Interpolationen, später als R^{ABCD} sind. Dasselbe läßt sich von einigen anderen Stücken nachweisen, bezw. mit Wahrscheinlichkeit behaupten; andere sind wenigstens später als $R^J = R^{ABC}$. — 1,1—3 ist die Überschrift des R^J; von ihm rührt auch 18,13a her, der — sehr dürftig — die Verbindung zwischen einem C-Stück und dem folgenden A-Stück herstellen soll. — 26,6aα ist der Verbindungssatz des R^J zwischen 1—5 C und 6aβ—9 A. 3,14—18 sind ein Einschub, der als Quasiparallele zu 19ff. A durch 6—13 C hervorgerufen worden ist (s. S. 42f.). — 5,18f. ist eine Interpolation nach 16,10—13, mit tendenziöser Änderung der Vorlage (»da werdet ihr fremden Göttern dienen« in »da werdet ihr Fremden dienen« abgeändert), und somit wahrscheinlich recht spät. —

In Kap. 10,1—16 können wir zwei verschiedene Stücke unterscheiden, die jetzt ineinander geschoben sind: eine in Prosa geschriebene Belehrung über die Nichtigkeit der Götzen 10,1—4. 9. 5 (so nach der Reihenfolge der LXX) und einen zum Teil noch in LXX fehlenden Hymnus 10,6—7.12—16. Das erste Stück ist jedenfalls spät und unecht, s. unten. Noch später ist aber der Hymnus, der in das Buch Jer. interpoliert ist. Die Tatsache, daß er sich verstreut in der Predigt findet, während LXX die Verse dieser letzteren in etwas anderer Reihenfolge bietet, zeigt, daß der Hymnus ursprünglich in einen leeren Raum am

Rande geschrieben und von späteren Abschreibern mit der nebenstehenden Kolumne vermischt worden ist; später ist der ebenfalls in LXX fehlende Vers 10 als eine Art Verbindung der beiden Bestandteile hinzugefügt worden, wie auch V. 8; die letzte in dieses Kapitel hineingeratene Randglosse V. 11 ist sogar aramäisch abgefasst. Ein Teil dieses Hymnus V. 12—16 ist später in 51,15—19 interpoliert worden; daß er dort sekundär ist, ist über allen Zweifel erhaben. Wenn aber diese Verse des Hymnus sich auch in LXX zu Kap. 10 finden, so muß das eine spätere Erweiterung nach T. M. und von 51,15—19 mit beeinflußt sein; daß innerhalb T. M. die relative Priorität der Stelle 10,12—16 zukommt, ist völlig klar; denn 10,12 ist sowohl grammatikalisch als inhaltlich die direkte Fortsetzung von 10,7, während 51,15—19 den Zusammenhang nur unterbrechen; wenn trotzdem das Stück in LXX sich an der sekundären und nicht an der relativ primären Stelle findet, so zeigt diese Tatsache doch wohl, daß die Fremdenorakel Kap. 46—51 erst später übersetzt und der LXX einverleibt worden sind — ein neuer Beweis dafür, daß diese Kapitel nicht zum ursprünglichen Buche Jer. gehören. 12,14—17 sind jedenfalls unecht; wahrscheinlich ist das Stück erst nach dem Anhang I 46—51 hinzugefügt worden. — 15,3 f. ist eine schriftgelehrte Erklärung des vorhergehenden Verses, von Kg. abhängig. — 19,26—9. 11b—13 sind, wie gezeigt (S. 8 Anm. 1), spätere Erweiterungen nach Kap. 7 C. — 23,7 f. sind nach 16,15 f. hinzugefügt; die Verse haben wohl in der ursprünglichen LXX gefehlt, sind aber später nach T. M. hinter V. 40 eingeschoben worden. — 23,30 f. fehlen in LXX; die Verse sind stilistisch nach Ez. 13 gebildet; die Einleitungsformel הנני על ist nicht jirmejanisch, dagegen sehr häufig bei Ez. Desselben Ursprungs ist wohl auch V. 32. — 17,19—27 sind später als R[J]; V. 25 ist von 22,4 C direkt abhängig. Übrigens braucht man über die »Unechtheit« dieses Stückes kein Wort zu verlieren; wenn erst der Prophet ein Hüter der geschriebenen Thora geworden war — eine noch spätere Auffassung als sie in C vorliegt — konnte man natürlich nicht im Buche Jer. eine Sabbatpredigt entbehren. — Daß 25,11b—14 ein von 46,51 abhängiger Zusatz sind, haben wir schon gesehen (S. 15). — In 25,15 ff. müssen die Verse 17—26 gestrichen werden; hier wird die Ausführung des Befehls erzählt; in den Versen 27 ff. spricht aber Jhwh weiter; nun gehören aber die Verse 30 ff. deutlich zu diesem Zusammenhang; diese Verse enthalten eine eschatologische Schilderung des allgemeinen Weltuntergangs, wie er in den Versen 15 ff. angedroht wird; will man nun 27—29 streichen, so schwebt dieses Orakel völlig in der Luft. Also sind 17—26 unecht und von Kapitel 46 ff. abhängig. — 27,7 fehlt in LXX. — Wie Kap. 29 später erweitert worden ist, haben wir gesehen; die Interpolationen sind sowohl von Kap. 24 (A?) als von dem späteren Stück 25,11 b abhängig. — 30,10f. fehlen in LXX; Zusatz nach 46,27f. 46,27 ist der echte Abschluß des Orakels gegen Ägypten 46,2—27; V. 28 ist eine sekundäre Dublette zu V. 27; vielleicht sind die beiden Verse wegen des Gebrauchs des Namens Jacob und der inhaltlichen Berührung mit 30,7b in D eingeschoben worden. — 30,8f. sind von 27 C und 28 B abhängig und unterbrechen den Zusammenhang zwischen V. 7 und V. 12. — 29,1—2 ist eine von Kg. abhängige Glosse. — 39,1f. Erweiterung nach II. Kg. s. oben; 39,4—13 ein in LXX fehlender Einschub. — Der Einschub 44,20—23 (s. S. 10) ist wohl durch 44,1—14 C hervorgerufen.

Eine zweite Reihe Stellen gibt es, von denen es sich zwar nicht entscheiden läßt, ob sie bereits als Zusätze zu dem in Sondergestalt noch existierenden A — bezw. B oder C — vorhanden gewesen, oder ob sie Zusätze zu unserem Buche Jer. sind, die aber sicher keine ursprünglichen Bestandteile der Quellen sind. Es sind dies solche unechte Stücke, die sich nur als Erweiterungen und Erklärungen zu anderen Stücken deuten lassen, die nur ein literarisches Dasein, nie aber eine Sonderexistenz als selbständige, mündlich überlieferte Orakel gehabt haben können. Dies ist übrigens schon bei mehreren der soeben besprochenen Stellen der Fall gewesen. Es sind flg.: 1,17—19 (s. S. 20 Anm. 1); 9,12—15 — dies Prosastück hat die Frage in V. 11 und den ganzen mystischen, prophetischen Stil mißverstanden; die Frage soll eben vom Propheten nicht beantwortet werden, sondern die Hörer sollen die Antwort finden; 10,23—25: entrüstet über die harten Worte in 17—22, führt ein Leser in dieser Randnote die mildernden Umstände an und bittet um ein gnädiges Urteil; im Anschluß daran betet er mit den Worten von Ps. 79,5f., daß Jhwh seinen Groll über die Heiden statt über Israel ausschütten möge; 16,14f. mit ihrem ganz sinnlosen לָכֵן, das den Prämissen schnurgerade widerspricht, sind deutlich interpoliert, woher wissen wir nicht; sie schlagen ein Lieblingsthema der späteren Zeit an, und sind in 23,7f. wiederholt; 12,13 Randnote von dem Gesichtspunkt der Erfüllung der Weissagung aus; 16,19f. Randnote, ein Stoßseufzer eines Lesers, den Zusammenhang zwischen V. 18 und V. 21 unterbrechend; 23,1—4 setzen schon das Exil voraus und sind wahrscheinlich nach Ez. 34 interpoliert; 23,25—28 ein Prosastück, das den stilistischen Zusammenhang zwischen V. 24 und V. 29 unterbricht; 32,17—23 (s. S. 31 Anm. 3).

Endlich gibt es eine Reihe Stellen, von denen sich nicht entscheiden läßt, ob sie vom Sammler einer unserer Quellen aufgenommen oder ob sie später hinzugefügt worden sind. Es sind die folgenden 10,1—4. 9. 5; 12,14—17; 13.1—11; 17,5—8; 17,11; 23,33—40. Dem Inhalte nach können vielleicht 10,1 ff. und 13,1 ff. zu C gehört haben; doch fehlt hier die für C charakteristische Disposition der Rede, ebenso die Überschrift; wir haben somit kein Recht, diese Stücke C zuzuschreiben. Daß die übrigen genannten Stücke nicht zu C gehört haben können, braucht nicht erst bewiesen zu werden. Aus B können sie ebenso wenig stammen. Es bleibt somit die Möglichkeit, daß sie vom R^A aufgenommen sind, wenn sie nicht Zusätze zum Buche Jer. sind. Wenn ich sie oben nicht zu A gerechnet habe, so muß ich zugeben, daß ich die Sache von einem dieser Untersuchung bis jetzt fremden Gesichtspunkt aus, dem Gesichtspunkt der jirmejanischen »Echtheit«, betrachtet habe. Denn daß diese Stücke im dem gewöhnlichen Sinne unecht sind, unterliegt meines Erachtens keinem Zweifel. Sichere literarische Beweise für ihre Nichtzugehörigkeit zur Sammlung A gibt es aber kaum. Immerhin halte ich es für überwiegend wahrscheinlicher, daß sie samt und sonders sehr späte Zusätze zu unserem Buche sind. 10,1 ff. sind eine durch und durch unprophetische Predigt über deuterojesajanische Motive und machen den Eindruck, für das Papier komponiert zu sein; eine spätere Zeit hat bei dem großen, merkwürdigen und produktiven Propheten Jir. eine ausdrückliche Rede gegen den Bilderdienst nicht vermissen wollen. 12,14 ff. setzen die nachexilische Diaspora voraus; sie scheinen als ein Gegenstück zu V. 7—12 geschrieben worden zu sein. 17,5—8 sind ein Weisheitspsalm wie Ps. 1; 17,11 ist ein Weisheitsspruch, wahrscheinlich hat der Besitzer einer Jeremia-Handschrift den leeren Raum neben den Kolumnen zur Aufzeichnung dieser ihm aufbewahrungswert dünkenden Zeilen benutzt; da sie schlechterdings keinen Orakelcharakter besitzen, halte ich es für wenig wahrscheinlich, daß sie von R^A aufgenommen sind. Über den literarischen Ursprung von 13,1—11 und 23,33—40 weiß ich nichts zu sagen. Für unecht halte ich beide Stücke, das erstere, weil Perat nur Euphrat bedeuten kann, und die Meinung, es sei eine Felsspalte oder ein Wadi in der Nähe von Jerusalem, völlig undiskutierbar ist, das letztere wegen des völlig nichtigen Inhaltes; ich habe von Jir. eine etwas höhere Meinung, als daß er sich mit derartigen Wortklaubereien abgegeben habe; übrigens ist in 23,32 der singuläre Gebrauch von עַם zu beachten; das Wort steht hier individuell = »Laie«, vgl. das mischnische »ein ʿam-hâʾâräs« in individueller Bedeutung; das spricht für eine sehr späte Datierung des Stückes. — —

9. Nachdem wir so die Analyse des Buches vorgenommen haben, müssen wir auch einen Blick auf die Synthese werfen. Die erste Frage

ist: sind A, B und C zu derselben Zeit und von einem gemeinsamen Redaktor zusammengearbeitet worden, oder hat $R^{J} = R^{ABC}$ ein Buch A B schon vorgefunden und darin die Sammlung C hineingearbeitet?

Indem wir von D und späteren Zusätzen absehen, geben wir einen Überblick über die jetzt vorliegende Ordnung der Stücke von B und C nebst ihren chronologischen Daten:

3,6ff	C aus der Zeit Jošîjas.	
7,1	C, undatiert, aus dem Anf. d. Reg. Jôjâḳîms.	
11	C undatiert und unbestimmbar.	
18	C ebenso.	
19	B undatiert, aus der Zeit	Jôjâḳîms.
21	C aus der Zeit	Sidkîjas.
25	C aus dem 4. Jahre	Jôjâkims.
26	B aus d. Anf. d. Reg.	Jôjâkîms.
27	C aus der Zeit	Sidkîjas.
28	B aus d. 4. Jahre	Sidkîjas.
29	C aus d. 4 (?) Jahre	Sidkîjas.
29,24ff	B undatiert, aus d. Z.	Sidkîjas.
32	C aus d. 10. Jahre	Sidkîjas.
34	C — —»—	Sidkîjas.
34,9ff	C — —»—	Sidkîjas.
35	C aus der Zeit	Jojakîms.
36	B aus d. 4. Jahre	Jojakîms.
37,1	B aus der Zeit	Konjas.
37,1	B aus d. 1. Jahre	Sidkîjas.
37,3	B aus d. 10. Jahre	Sidkîjas.

u. s. w. in chronologischer Reihenfolge. Diese Übersicht zeigt, daß die C-Stücke in den Gang der Erzählungen von B an die dem Redaktor chronologisch jeweilig als die beste dünkende Stelle eingesetzt sind. Von Kap. 26 an bilden die Erzählungen von B, durch die Reden von C erweitert, eine zusammenhängende Einheit, die vorwiegend das Gepräge eines geschichtlichen Berichtes trägt. Während es nun bei einer Sammlung wie C recht gleichgültig ist, wie sie geordnet wird, muß ein Werk wie B seiner Art nach immer chronologisch gewesen sein. Auch die jetzige Reihenfolge von B C ist die chronologische, nur mit zwei Ausnahmen. Die erste Ausnahme bilden Kap. 21,1—10; es ist aber leicht einzusehen, warum der Redaktor das Stück auf seinen jetzigen Platz versetzt hat; 21,10—22,29 sind die vom R^{A} gebildete Sammlung von Orakeln über die judäischen Könige mit Weissagung des völligen Untergangs

Jerusalems; ein Orakel genau derselben Art ist nun 21,1 ff., eine echte Unheilsweissagung, keine Scheltrede wie die meisten anderen Stücke von C; aus diesem Grunde hat der Redaktor das Orakel vor 21,11 gestellt. Es bleibt somit nur der Abschnitt 35,1—37,2, dessen Platz tatsächlich sehr auffällig ist. Diese Ordnung ist, in Anbetracht der sonst durchgehenden chronologischen Reihenfolge, sogar so auffällig, daß wir ohne größeres Bedenken behaupten dürfen, er habe »ursprünglich« d. h. im Buche des R^J (R^{ABC}) zwischen Kap. 26 und Kap. 27 gestanden. Vielleicht läßt sich auch der Grund der späteren Umstellung noch erkennen: nachdem der Zusammenhang B C von R^{ABCD} und Späteren zersprengt worden war, hat ein noch späterer Redaktor oder Abschreiber bemerkt, daß der erste Teil des Buches 1—34 hauptsächlich aus Orakeln und Reden bestand, der zweite Teil dagegen aus Geschichtserzählungen, daß aber die eine Erzählung in Kap. 36 eine Ausnahme unter lauter Redestücken bildete und daher seiner Ansicht nach an einer recht unglücklichen Stelle stände, es gehörte nach ihm mit Recht in den zweiten Teil als Einleitung der historia calamitatum Jeremiae, die er in diesem Teile fand; so hat er das Stück an seinen jetzigen Platz gesetzt, wobei Kap. 35, das sich auch als Erzählung auffassen ließ, Gefolgschaft leisten mußte. Wenn dagegen Kap. 28 stehen geblieben ist, so hat das darin seinen Grund, daß er die Kapitel 27 und 28 als eine Einheit aufgefaßt und daher das Hauptgewicht auf die Rede Kap. 27 gelegt hat.[1]

In das chronologisch geordnete Werk B hat nun der Redaktor die Stücke von C nach demselben Ordnungsprinzip angebracht. Nun sind aber die C-Stücke nicht nur in den Rahmen von B hineingesetzt, sondern auch unter die A-Stücke verteilt worden. A und B dagegen stehen als zwei gesonderte Gruppen nebeneinander. Das erste B-Stück Kap. 26 folgt nach dem letzten A-Stücke 25,15 f. 27—38. Auch hier gibt es nur eine einzige Ausnahme, die leicht erklärlich ist, 19,1—20,6; dieses Stück ist von einem Redaktor, vielleicht erst einem späteren als R^J, als Beispiel und geschichtlicher Beleg der Anfeindungen und Vergewaltigungen, über die Jir. besonders in 18,18—23, 20,7—18 klagt, an seinen jetzigen Platz versetzt worden. Das eigentliche Ordnungsprinzip des R^{AB} ist: zunächst die Weissagungen, dann die Erzählungen.

Die nächstliegende und natürlichste Folgerung aus diesem Tatbestande ist diese: C ist später in das schon vorliegende Werk AB hineingearbeitet worden.

---

[1] Ich möchte ausdrücklich hervorheben, daß ich hier nur einen Erklärungsversuch, eine Möglichkeit, gegeben habe. Möglich ist auch, daß der Grund ein rein äußerlicher gewesen: die unserer rezipierten Rezension zu Grunde liegende Handschrift sei in Unordnung geraten.

Daß D noch später in das vorläufig abgeschlossene Buch A B C eingeschoben worden ist, geht aus folgenden Gründen hervor. 1) Wie oben gezeigt, hatte R^{ABC} im zweiten Teil des Buches beabsichtigt, die chronologische Ordnung von B zu Grunde zu legen; mit Beibehaltung der Reihenfolge A + B hat er die C-Stücke je nach ihren Überschriften in AB verteilt; sein Ordnungsprinzip war also: zunächst reine Orakel und Reden (AC), dann Geschichten mit den dazugehörigen Reden (BC). Diese Ordnung wird aber von der reinen Orakelsammlung D, die mitten in dem geschichtlichen Teil steht, zersprengt. 2) Der R^{ABCD} hat in seiner jirmejanisch sein sollenden Überschrift 30,1—3 die Form der C-Überschriften nachgeahmt; das ihm vorliegende Buch Jer. hat somit schon C enthalten.

Unser Buch Jer. ist also in folgender Weise entstanden. Im 4. Jahre Jôjâkîms hat Jir. selbst seine früheren Weissagungen zusammenstellen lassen; zu diesen sind später andere ähnliche Worte gefügt worden. Auf Grund dieser »Urrolle« hat ein Sammler R^A eine Sammlung jirmejanischer Orakel A hergestellt mit möglichst wenigen redaktionellen Zutaten. Ein von ihm unabhängiger Verfasser hat aus mündlichen Erzählungen über Jir. unter Benutzung eines geschichtlichen Werkes über die Verhältnisse in Judäa während und nach der letzten Eroberung eine Sammlung biographischer Erzählungen B gemacht. Ein Sammler und Bearbeiter der jirmejanischen Tradition R^C hat, jedoch ohne die Werke A und B zu kennen, eine Sammlung jirmejanischer Reden und Orakel C ausgearbeitet, mit vielen Parallelen zu A und B. Ein Redaktor R^{AB} hat es nun unternommen, A und B zu einem Werke zu verarbeiten, und diese Arbeit hat er sich sehr leicht gemacht, indem er nur B als Fortsetzung von A aufgenommen und im übrigen die beiden Teile fast unverändert gelassen hat. Ein zweiter Redaktor R^{ABC} (R^J) hat das Buch zu einem vorläufigen Abschluß gebracht, indem er die Stücke von C in AB hineingearbeitet hat. Er ist dabei von der Voraussetzung ausgegangen, daß AB wesentlich chronologisch geordnet war, und er wollte nun die C-Stücke nach demselben Prinzip verteilen. Da die Hauptmasse aus der Zeit des Jôjâkîm und Ṣidkîjâ geredet sein wollte, sind die meisten von diesen Stücken in B aufgenommen worden, das auch in dieser Zeit spielt. Dabei hat er sich bestrebt, die von ihm als Parallelen erkannten Stücke zu Einheiten zu verarbeiten. Wie 21,1—10 zu seinem Platz gekommen ist, haben wir schon gesehen. Das einzige, aus der Zeit Jôšîjâ's stammende Orakel 3,6 ff. hat er natürlich in dem ersten Teil des Buches angebracht, um so mehr als er darin eine Parallele zu 3,1—5 erkannt hat. Da die erste datierte Episode in AB, Kap. 26, im Anfang der Regierung

Jôjâkîms spielte, hat er annehmen können, daß sämtliche vorherstehenden Orakel aus der Zeit des Jôšîjâs stammten, und unbedenklich hat er die nicht datierten C-Stücke Kap. 7,1—8,3; 11,1—14 und 18,1—12 zwischen ihnen unterbringen können, in der Meinung, daß doch mehr als eine Weissagung der Sammlung C in den Tagen Jôšîjâ's gesprochen sein müßte. 18,1—12 ist neben Kap. 19 gestellt worden wegen der Übereinstimmungen in 18,1 und 19,1: es ist in beiden Stücken von einem Töpfer und einem Tongerät die Rede. Warum Kap. 7 und Kap. 11 gerade den jetzigen Platz bekommen haben, läßt sich nicht sagen. Als Abschluß des ganzen Buches hat er Kap. 45 ans Ende gestellt und die Worte »als er alle diese Worte in ein Buch nach dem Diktat des Jir. schrieb« V. 1 geschrieben. Die Überschrift des Buches 1,1—3 stammt ebenfalls von ihm; die Kunde hat er aus 25,3.

Völlig unabhängig von jeder in A, B und C niedergelegten Tradition hat nun ein Redaktor R^{D} eine anonyme Sammlung Heilsweissagungen D redigiert. Diese sind von einem zweiten Redaktor R^{ABCD} aus unbekannten Gründen für jirmejanisch gehalten, mit einer dies besagenden Überschrift und mit einem Abschluß versehen und in ABC eingeschoben worden. Als Heilsweissagung hat sie natürlich ihren Platz neben Kap. 32 erhalten, als dem einzigen Kapitel, des Buches ABC, das Heilsorakel enthielt; vielleicht ist es derselbe Redaktor gewesen, der durch 32,44b, das Stichwort aus D, diese neue Verbindung noch deutlicher hat hervorheben wollen. Noch später ist eine Sammlung Weissagungen über fremde Völker für jirmejanisch erklärt und an das Buch angehängt worden. Endlich ist Kap. 52 nach Analogie des Buches Jesaja aus Kg. angehängt worden. Zum Teil vor, zum Teil auch nach diesen letzten Erweiterungen ist eine Reihe von Interpolationen gemacht worden, von denen die spätesten sich noch nicht in LXX vorfinden. Eine der allerspätesten Interpolationen ist 25,11b—14, die bekannte Weissagung von den 70 Jahren; sie setzt 46—52 voraus. Noch später ist 29,10—15, die zweite Belegstelle für die 70 Jahre (s. S. 40f.).

Fragen wir nun nach der Entstehungszeit unseres Buches, so haben die subjektiven Empfindungen und Vermutungen einen weiten Spielraum. Was A betrifft, so muß die Sammlung an einem Orte und zu einer Zeit vor sich gegangen sein, wo die Tradition noch frisch und lebendig war. Das führt meines Erachtens auf die Ägyptische Diaspora. Der Sammlung zu Grunde liegt die Urrolle Jirmejahus-Baruchs. Diese sind beide nach Ägypten gezogen. Die Emigrierten sind nun hauptsächlich Leute aus den höheren Kreisen und Schichten Jerusalems gewesen, die Aristokratie, die sich in Mispa um Gedalja gesammelt hatte; die Landbewohner hatten nichts zu fürchten wegen des Mordes des Gedalja und sind auch nicht ausgewandert; die Darstellung in B läßt übrigens keinen Zweifel entstehen: nach Ägypten ist nur die Kolonie in Mispa gezogen. Nun sind aber die Orakel Jir.s in Jerusalem gesprochen. Also haben unter der Ägyptischen Diaspora weit bessere Bedingungen für die Fortpflanzung der Tradition bestanden als unter den zurückgebliebenen Landbewohnern in Palästina, die seine Reden gar nicht gehört hatten. Man könnte natürlich auch wegen Kap. 24 an Babylonien denken; ich halte es aber immerhin für zweifelhaft, ob Kap. 24 wirklich zu A gehört. Haben wir es nun wirklich mit Ägypten zu tun, so müssen wir bei einer Zeit bleiben, wo noch die hebräische Sprache in der Diaspora geläufig war. Nun wissen wir aber seit den letzten Papyrusfunden auf Elephantine, daß diese Sprache nicht erst durch die griechische abgelöst worden ist, sondern daß schon in früher persischer Zeit unter Darios I Aramäisch die Sprache der ägyptischen Juden war. A könnte somit einmal zwischen 580 und 480 redigiert worden sein. Zwingend ist dies Argument jedoch nicht; hatte man doch hier eine schriftliche Vorlage, und verstanden hat man natürlich das Hebräische noch erheblich später. Aber dagegen läßt sich doch anführen, daß wir es hier auch zum Teil mit mündlicher Überlieferung zu tun haben. Und ferner müssen wir beachten, daß schon Psammetik jüdische und aramäische Militärkolonien in Ägypten gegründet hat, daß in diesen das aramäische Element natürlich überlegen gewesen, und daß daher Aramäisch vielleicht schon vom Anfang an die Sprache der ägyptischen Juden gewesen ist, und daß somit eine mündliche Überlieferung in der hebräischen Sprache nicht sehr lange gelebt haben kann; vielleicht ist schon in der zweiten oder dritten Generation Hebräisch eine nur von den Gelehrten gepflegte Sprache gewesen. Es liegt somit kein Grund vor, tiefer in die Zeit herabzugehen.

Dieselben Gründe, aber mit größerer Beweiskraft, sprechen auch für die ägyptische Heimat und die recht frühe Entstehungszeit von B. Wir haben es hier zum Teil mit Traditionen zu tun, die nur in den Kreisen der Ägyptischen Diaspora verständlich sind. Die genaue Kunde der Begebenheiten in Mispa und rein ägyptische Tradition in 43—44 machen hier unsere Behauptung äußerst wahrscheinlich. Wir haben ferner gesehen, daß B zum Teil Aufzeichnungen volkstümlicher, mündlicher Erzählungen sind, Erzählungen, die in der hebräischen Sprache ein wirkliches Leben geführt haben. Von der theologischen Auffassung des Prophetentums sind sie weit entfernt. Ich möchte daher bei B unter keinen Umständen den oben gesetzten terminus ad quem überschreiten.

Für C läßt sich keine sichere Heimat vindizieren. Den Geist des ägyptischen Judentums zeigt er aber nicht. Er ist von deuteronomistischer Richtung getragen, wie diese in Babylonien begründet und in Palästina akzeptiert worden ist, und zwar durch das Wirken Nehemias und Esras. C ist daher entweder babylonischen oder palästinensischen Ursprungs. Wie wir gesehen haben, liegt er sowohl formell wie inhaltlich und sachlich der echten Tradition recht fern; sein Jir. hat nicht viel mit dem wirklichen Jir. zu tun. Er trägt das Gepräge des fertigen Gesetzesjudentums. Ich kann das Buch nicht für älter als Esra halten. Vielleicht könnte man etwa 400 als terminus a quo setzen.

Bei D und Kapp. 46—51 ist jede Ansetzung bloß geraten und wertlos, wenn auch die einzelnen Stücke zum Teil recht alt sein mögen; beide Sammlungen sind ihrer Art nach in der ganzen nachexilischen Zeit denkbar.

Das uns vorliegende Buch Jer., abgesehen von den in LXX fehlenden Stücken, muß vor 165 redigiert worden sein. Denn die Weissagung von den 70 Jahren, eine der spätesten Interpolationen und von 46—51 abhängig, wird im Buche Daniel als jirmejanisch vorausgesetzt. — —

10. Eine in den Prophetenbüchern häufige Eigentümlichkeit ist der Wechsel zwischen der 1. und 3. Person in den erzählenden Stücken und in den Einleitungsformeln. Es liegt nun recht nahe, hier einen Ausgangspunkt der genetischen Analyse zu suchen. Ich habe auch diesen Weg gehen wollen; es zeigte sich aber bald, daß so keine befriedigenden Ergebnisse, überhaupt keine Lösung des Problems zu gewinnen waren. Nichtsdestoweniger bedeutet dieser Personenwechsel ein noch ungelöstes Problem. Und da immer die Behauptung eines von den betreffenden Propheten eigenhändig geschriebenen Grundstockes der Prophetenbücher an die Tatsache des Personenwechsels geknüpft wird, können wir nicht umhin, bei der Analyse des Buches Jer. eine Lösung des erwähnten Problems zu suchen.

Es versteht sich von selbst, daß wir bei dem Buche Jer. die verschiedenen Quellen für sich untersuchen müssen.

In B ist die Sache klar. Hier wird überall von Jir. in der dritten Person erzählt. Nur in 19,1 lesen 10 MSS LXX Syr ein »zu mir«, das in T. M. nicht steht. Dieses »zu mir« ist aber ein falscher Ersatz eines ausgefallenen ursprünglichen »zu Jirmejâhû«; denn die Fortsetzung der Erzählung V. 14ff. zeigt, daß auch sie die 3. Person benutzt hat. Das »zu mir« in 28,1 ist ebenfalls unecht: Hananjâ spricht als Prophet nicht zu Jir., sondern natürlich zu der versammelten Volksmenge, wie auch V. 11 zeigt.

Etwas anders liegt die Sache in C. Hier findet sich die Ich-Form in folgenden Stücken: 3,6—13. 11,1—17. 18,1—12. 27. 32. 35. In Kap. 32 und Kap. 35 läßt es sich aber unwiderlegbar nachweisen, daß die 1. Person sekundär ist und nur durch Überarbeitung entstanden ist. Es ist dies ein Vorgang, zu dem wir auch sonst im A. T. Analogien besitzen. Sehr instruktiv ist Dan. 3,31—4,34. Der Anfang dieses Stückes ist im Stil der königlichen Edikte geschrieben und spricht in der 1. Person, ebenso der letzte Teil 4,31 ff.; das Mittelstück V. 16—30 dagegen ist eine regelrechte Erzählung. Die Sache erklärt sich so, daß das Stück ursprünglich eine Erzählung in der 3. Person war. Ein späterer Redaktor hat dieser für die Juden hochwichtigen Bekehrungsgeschichte Nebukadressars den Charakter einer authentischen Urkunde geben wollen, und daraus ein königliches Edikt gemacht; er hat aber sehr oberflächlich gearbeitet und nur die Einleitung und den Schluß geändert. Eine umgekehrte Analogie haben wir in den vielen Stücken, wo von dem Engel Jhwh's in der 3. Person erzählt wird, wo aber im Laufe der Rede des Engels Jhwh in der 1. Person redend unvermittelt eintritt. Hier ist der Engel Jhwh's später für Jhwh eingesetzt worden, die Reden sind aber Jhwhreden in der 1. Person. — In den genannten C-Stücken ist nun eine solche Änderung eine sehr einfache Sache gewesen, da hier meistens keine Erzählungen vorliegen, sondern Reden, wo die Person des Propheten nur in den kurzen Einleitungsformeln erwähnt wird; wo die ganze »Erzählung« aus der Formel »Jhwh sprach zu Jir.«, bezw. »zu mir« oder »Das Wort Jhwh's kam zu Jir. (mir)« besteht, braucht man keine tiefgehende Überarbeitung. Es ist bekanntlich die Auffassung der späteren Zeit gewesen, daß die Prophetenbücher authentische Werke der alten Propheten seien; so erklärt es sich auch, daß besonders in den unechten Stücken und den späteren Interpolationen die 1. Person auftritt, nach Analogie der Apokalyptiker, die immer in der 1. Person reden (vgl. 13,1—11. 17,19—27. 25,17—26. 32,16—25). Wo also in einem Stücke die 3. Person mit der 1. Person wechselt, ist immer die 3. Person die präsumptiv ursprüngliche Form. Die 1. Person war für die Redaktoren und Abschreiber das natürliche; zu einer Änderung in die 3. Person hatten sie keine Veranlassung. Mit Kap. 35 verhält es sich nun genau wie mit Dan. 4. Im Anfang erzählt Jir. in der 1. Person V. 3—5; später tritt aber in V. 12 und V. 18 die 3. Person auf. Und daß diese die ursprüngliche Form ist, wird durch einen Vergleich mit LXX bestätigt; diese Version bietet nämlich in V. 18 f. einen Text, der den betreffenden Satz nicht hat, sich aber eben dadurch als sekundär erweist; durch das von LXX vorausgesetzte לָכֵן statt »und zu dem Haus der Rekabiter sprach Jirmejahû« wird V. 18 in eine logische Unterordnung unter V. 17 gesetzt als eine Schlußfolgerung aus diesem Verse, was aber widersinnig ist, und nur durch das Bestreben, die 3. Person wegzueskamotieren, sich erklären läßt. In 32,6 hat T. M.: »Und Jir. sprach: Das Wort Jhwh's kam zu mir also.« Für den ersten Satz lesen aber Syr. Arab. nur ויהי, und statt »zu mir« haben LXX. Syr. »zu Jirmejahû«. Dies ist auch der ursprüngliche Text; denn in V. 26 wird von Jir. in der 3. Person geredet. In dem Mittelstück V. 8—13 ist die 3. Person durch die 1. Person ersetzt worden, in Einklang mit dem sekundären Stück 17—23 (s. S. 31, Anm. 3), das auch die 1. Person hat. Aus A haben wir eine Analogie zu diesen Änderungen in 25,15. Wie wir gesehen haben (S. 31, Anm. 2, S. 14 f.), fängt hier etwas Neues an; das redaktionelle »denn«, das V. 15 mit V. 14 verbinden soll, fehlt in LXX und Lat. Wir haben ebenso gesehen (S. 49), daß V. 17—26 ein späterer Einschub ist, der aus einer Vision mit begleitender Unheilsweissagung eine apokalyptische Erzählung machen will. Dieser Einschub redet in der 1. Person; das hat aber bewirkt, daß in V. 15 ein »zu mir« hinzugefügt worden ist, das noch in LXX Syr. Lat. fehlt.

Nach diesem Tatbestande müssen wir zugeben, daß die 1. Person in den übrigen C-Stellen 3,6—11. 11,5—9. 18,3—5. 2,12—16 — lauter formelhafte Stellen — auch eine spätere Änderung einer ursprünglichen 3. Person sein kann. Anderseits ist es aber auch möglich, daß R^C in einigen Stücken mit Bewußtsein die 1. Person gebraucht hat; denn, wie wir sofort sehen werden, gibt es Fälle, wo der prophetische Stil eine 1. Person ganz natürlich fordert, und wo diese auch in der mündlichen und schriftlichen Wiedergabe der Prophetenworte beibehalten werden muß.

Wie schon oben gezeigt, unterscheidet sich A von den meisten anderen Prophetenbüchern dadurch, daß das Ich des Propheten weit mehr zum Vorschein kommt. Wir haben auch schon bemerkt, daß diese Eigentümlichkeit nicht so aufgefaßt werden darf, als ob der Prophet hier sein eigenes Ich zum Gegenstand der Beobachtung, geschweige denn der Darstellung, gemacht hätte; er erzählt nichts von sich, denkt nicht an sich; von einem autobiographischen Moment, das man z. T. hier hat finden wollen, findet sich in diesen Liedern und Visionen keine Spur. Es ist hier nicht der Platz, dies näher nachzuweisen; wir wollen nur zeigen, daß die Ich-Form keinen Anhaltspunkt für literarkritische Aufstellungen bietet.

Wir müssen in A das lyrische und das visionäre Ich unterscheiden. Das lyrische Ich findet sich fast nur in den Klageliedern.

Die einzige Ausnahme bildet 5,4 f. in einem Stück, wo der Stil der Weisheitsdichtung mit Motiven des Klageliedes gemischt auftritt. Indem der Prophet in den Formen des öffentlichen oder privaten (individuellen) Klageliedes über die Sünden des Volkes oder über das bald eintretende Unheil klagt, oder im Namen des Volkes und als Glied des Volkes über die schon eingetretenen oder die kommenden Verwüstungen und göttlichen Strafen jammert, oder indem er über persönliche Anfeindungen und Verfolgungen klagt, um daran sein Rachegebet und seine Unheilsdrohungen zu knüpfen, tritt mit seinen Gefühlen auch seine Person zu Tage in der Form eines »Ich« oder »Wir«. (4,19—21. 6,10f. 26. 8,5—7. 14—23. 9,1. 8. 11,18—23. 12,1—6. 13—17. 14,17f. 15,10—20. 17,14—18. 18,18ff. 20,7—13. 23,9—12). Dem entspricht ein »Du« in den an diese Klagen geknüpften persönlichen Orakeln (15,19—21; 12,5f. 6,27ff.). Wenn nun die Weissagungen und Gedichte des Propheten überhaupt im Wortlaut überliefert werden sollen, wie es ja Zweck des R^A ist, so ist es ganz klar, daß diese Ich-Form einfach beibehalten werden muß, und daß eine literarkritische Unterscheidung zwischen Stücken, wo ein »Ich« vorkommt und solchen, wo diese Form sich nicht findet, nicht gemacht werden kann. Aus diesem »Ich« läßt sich literarkritisch nur folgern, daß eine lebendige Persönlichkeit einmal diese Orakel gesprochen hat, und das wissen wir auch sonst.

Nicht anders verhält es sich mit dem visionären Ich. Die Wirksamheit des Sehers und der Stil der Vision sind schon früh vom Nabi aufgenommen worden. Die Seele des Sehers verläßt den Körper, entweder im Schlaf oder in der Ekstase, zieht zu fernen Orten und sieht verborgene Dinge; sie tritt in den himmlischen Divan ein, hört die Verhandlungen in Jhwh's Rat und erfährt seine Ratschlüsse. Jhwh teilt ihr seinen Willen mit und befiehlt ihr, seine Worte dem Menschen zu übermitteln. Oder es wird eine Decke von den Augen des Sehers weggezogen, so daß er die von Jhwh schon geschaffene, aber noch nicht »gekommene« Zukunft sehen kann; er sieht von Jhwh ad hoc geschaffene, überwirkliche Symbole, die ihm gedeutet werden; er sieht Jhwh selbst leibhaftig vor seinen Augen, hört seine Stimme und spricht mit ihm, zwar nicht so wie Mose ihn Angesicht zu Angesicht gesehen hat, sondern visionär aber doch wirklich genug; und er wagt es auch, sich mit dem Ewigen in ein Gespräch einzulassen, er antwortet, fragt und bittet. Immer empfängt er aber einen Auftrag; was er gesehen und gehört hat, muß er den Menschen mitteilen. Diese Mitteilungen geschehen immer in denselben wenigen und festen Formen. Der mündlich redende Prophet berichtet, natürlich in der 1. Person, was er gesehen hat. »Ich sah die

Erde, und sie war ein Chaos, und den Himmel, und er war ohne Licht. Ich sah die Berge, und sie bebten und alle Hügel wankten« (4,23 f.). »Ich sah einen Sturm, vom Norden herkommend« (Ez. 1,4). »Ich schaute in der Nacht einen Mann, der zwischen den Myrthen im Tal stand« (Zak. 1,8). «Ich sah den Herrn neben dem Altar stehen« (Am. 9,1). Dann folgen in wörtlicher Wiedergabe die in der Vision gesprochenen Worte. Wenn das Geschaute nicht die direkte übernatürliche oder künftige Wirklichkeit ist, sondern ein Symbol, dessen Gestalt allegorisch gedeutet, oder an dessen Namen eine wortspielartige Erklärung geknüpft wird, ist die gewöhnliche Einleitung: »Jhwh ließ mich sehen« (Jer. 24. Am. 7,1. 4. 7. 8,1.). Wenn nun das Orakel im Anklang an den Namen des geschauten Gegenstandes gegeben werden soll, muß natürlich dieser Name hörbar gesprochen werden. Der Prophet wird daher gefragt: »Was siehst Du?« Er gibt dann die Antwort, worauf das Orakel folgt (Am. 7,7. 8,1. Jir. 24. 1,11 f. 13 f.). Hier kann statt »Jhwh ließ mich sehen« die Formel »Das Wort Jhwh's kam zu mir« stehen. Die Form der Frage kommt auch vor, wo nicht ein Lautanklang die Pointe des Spruches bildet (Zak. 4,1 ff. 5,1 ff.). Daß das Ich des Propheten in allen diesen Fällen etwas völlig Nebensächliches ist, braucht man nur zu erwähnen. Worauf es in diesem Zusammenhange ankommt, ist, daß wir hier feste Formen des visionären Orakels haben, die auch nicht in der mündlichen Wiedergabe zweiter und dritter Hand geändert werden konnten. Denn bei dem magisch wirkenden Nabiwort, wie bei jeder magischen Formel, kommt es auf den genauen Wortlaut an; so wie es gesprochen worden ist, so muß es auch wiederholt werden. Eine Umschreibung in der 3. Person würde auch unserem Empfinden nach eine merkbare Abschwächung des Orakels bedeuten. In der Ich-Form liegt gewissermaßen eine Bürgschaft dafür, daß man hier das wirklich Geschaute hat; denn so und nicht anders hat der Prophet selbst gesprochen. Will man also überhaupt seine Worte getreu überliefern, so muß man sie so überliefern, wie er sie vor dem Volke oder dem Könige gesprochen hat. Wenn es heißen würde: »Das Wort Jhwh's kam zu Jir. also: Was siehst du, Jir.? Und er antwortete: Ich sehe einen Zweig des wachsenden Baumes«, so hätte man nicht mehr die Sicherheit einer echten Überlieferung, die die ursprüngliche Ich-Form anscheinend bietet; daß man aber auf genaue, wortgetreue Überlieferung Gewicht gelegt hat, zeigt der Umstand, daß wir so viele Weissagungen im Wortlaut besitzen. Es ist somit nicht möglich, aus dem Vorhandensein eines »Ich« in einem Prophetenbuche auf eine eigenhändige schriftstellerische Tätigkeit des betreffenden

Propheten und auf das Vorhandensein einer solchen authentischen Quelle im Buche zu folgern.

Eine derartige Folgerung wäre höchstens bei einem durchgehend epischen Ich erlaubt. Ein episches Ich gibt es aber im Buche Jer. nicht. Sämtliche nicht-lyrischen Ich-Stücke in A sind visionär, und der Gebrauch der Ich-Form beschränkt sich auf die oben erwähnten formelhaften Sätze. Direkte Visionen sind 1,1—10; 1,11; 1,13—16; 4,23—28; 24. Daneben finden sich auch abgeschwächte Visionen. Auch der Stil wird durch den häufigen Gebrauch abgeschwächt und verliert viele seiner charakteristischen Züge. So auch der Stil der Vision. Zu diesen abgeschwächten Visionen gehören folgende Stücke: 13,12—14; 14,11—16; 15,1—2; 16,1—13[1]. Auffällig ist nun zunächst, daß es die epischen Züge der Vision sind, die weggefallen sind, also das Geschaute, das eigentlich Visionäre der Vision; übrig ist das Gespräch geblieben. Daß es aber tatsächlich so ist, zeigt folgende Erwägung. Die beiden Grundelemente des prophetischen Stils sind 1. das enthusiastische Orakel von Jhwh oder vom Geist durch den Mund des bewußtlosen Nabi gesprochen; 2. die Vision, wo der Seher das mitteilt, was er gesehen, gehört und geantwortet hat; eine Abart der Vision ist der Traum. Das Gespräch zwischen Jhwh und dem Propheten kann nun nicht aus dem enthusiastischen Orakel stammen. Es kann auch keine dritte, selbständige Mitteilungsform sein; denn das direkte Gespräch mit Jhwh wie mit einem Menschen, Angesicht zu Angesicht, ist etwas ganz Singuläres, das nicht den gewöhnlichen Propheten zuteil wird, sondern nur einem Manne wie Mose, der mehr als ein Prophet war, und Elîjâ, dem sagenumsponnenen Helden und der großen Ausnahme unter den Propheten; diese Auffassung ist in Nu 12,6—8 mit reinen Worten ausgesprochen; kein Prophet hat behauptet wie Mose zu sein; nur die Sage hat es von Elija behauptet.[2] Dann kann aber das Gespräch als prophetische Stilform nur als eine abgeschwächte Vision betrachtet werden. Das ist völlig verständlich; ist doch schon in der Berufungsvision Jer.s 1,4—10 das Gespräch, die Worte Jhwh's, die Hauptsache geworden; daß wir hier einen visionären Vorgang mit deutlich geschauten überirdischen Wirklichkeiten haben, erfahren wir erst fast zufällig in V. 9. Auch in diesen abgeschwächten Visionen beschränkt sich das Ich auf kurze Formeln wie »Jhwh sagte zu mir« und »ich sprach«; dementsprechend findet sich gelegentlich ein »du« in einer Anrede an den Propheten. Auch hier

[1] „Und ich sprach" 4,10 ist ein Schreibfehler für „und sie werden sagen".

[2] Es ist also eine späte, „deuteronomistische" Auffassung, wenn Mose zu einem Nabi gemacht wird.

ist es unerlaubt, irgendwelche literarkritische Folgerungen aus diesem »Ich« zu ziehen.

Nach diesen Ausführungen müssen wir die Möglichkeit zugeben, daß der Redaktor von C (oder schon seine mündliche Vorlage) in bewußter Anlehnung an den prophetischen Sprachgebrauch die 1. Person in 3,6ff.; 11,1ff.; 18,1ff. 27 gesetzt hat. Der visionäre Charakter von 3,6ff.; 18,1ff. und auch von 11,1ff. (das Gespräch) ist noch klar erkennbar. Wir wissen aber auch, wie wir über dieses Ich zu urteilen haben. — —

11. Es erübrigt, noch einige Worte über die Echtheitsfrage zu sagen. Wir haben bisher diese Frage grundsätzlich vermieden; nur bei den spätesten Interpolationen, die zu keiner unserer 4 Hauptquellen gehören, bezw. zu gehören brauchen, haben wir die Frage berührt, um das literarkritische Recht der Ausscheidung dieser Stücke leichter begründen zu können. In Wirklichkeit ist jedoch schon mit der Charakteristik unserer Quellen ein Urteil über die »Echtheit« abgegeben; wir brauchen somit hier nur zu rekapitulieren.

Es ist völlig klar, daß wir eine authentische, wortgetreue Überlieferung der jirmejanischen Orakel nur in A suchen können, daß wir aber hier die jirmejanische Urrolle als Grundstock anzunehmen haben. Es ist nun nicht die Aufgabe der Kritik, einen positiven Beweis für die Echtheit jedes einzelnen Stückes zu liefern; sie hat vielmehr die Pflicht, eine behauptete Unechtheit positiv zu beweisen. Wir haben deshalb jedes Stück in A, das nicht einer späteren Zeit angehören muß, als echt zu betrachten. Daß sich kleinere Glossen und Interpolationen finden können, soll nicht geleugnet werden. Von den als unecht auszuscheidenden Stücken sind aber, wie wir schon gesehen haben, die meisten entweder nachweisbar oder wahrscheinlich spätere Zusätze zu A (oder zu R^J), und nicht von R^A aufgenommen; das einzige Stück, das ich, trotz seiner Unechtheit, zur Sammlung A rechnen könnte, ist 13,1—11.

B enthält in allem wesentlichen zuverlässige geschichtliche Nachrichten. Die Orakel gibt er zwar nicht in der ursprünglichen Form, sondern nur ihrem Inhalte nach und in gekürzter Prosafassung: ihre inhaltliche Echtheit zu bezweifeln, liegt kein Grund vor.

Wenn B sich zu A etwa wie das Marcusevangelium zur Logiaquelle verhält, so verhält C sich zu ihnen beiden wie Johannes zu den Synoptikern, übrigens sans comparaison. Von dem Geist, Tiefsinn und dem Genie eines Johannes findet sich in C keine Spur; er bedeutet aber eine ebenso radikale Änderung der jirmejanischen Tradition, wie es Johannes für die synoptische ist. In beiden Fällen ist die Tradition nach einer Theorie und einer Idee umgestaltet worden. Während aber Johannes eine

Vertiefung und eine Vergeistigung der synoptischen Tradition bedeutet, so bezeichnet C eine Verflachung, eine Verwässerung, ja ich möchte fast sagen: eine Entmannung des echten Jirmĕjâhû. Sowohl inhaltlich als formell stehen die Stücke von C tief unter denen von A, während sie doch kraft ihrer leitenden Idee auf einer höheren Stufe als die volkstümliche und naive Auffassung in B stehen; in formeller und künstlerischer Hinsicht stehen sie auch tief unter diesen. Dieses Urteil gilt jedoch nicht unbedingt; es gibt auch in C Stücke von verschiedenem Wert; die Tradition ist nicht gleichmäßig und nicht überall verwandelt worden. Es gibt Stücke, die sich hinsichtlich der Wiedergabe der Orakel mit B berühren (21,1 ff.; 34,1—7; 29,1 a. 3—9; 21—23). Und endlich gibt es auch eine Rede, die zwar nicht formell, aber doch inhaltlich auf der Höhe der prophetischen Verkündigung steht, Kap. 7. Man kann fast sagen, daß R^C in diesem Kapitel fast alle konkreten Aussagen, die ihm zur Verfügung standen, gesammelt und verarbeitet hat, so daß ihm für die übrigen Reden recht wenig übriggeblieben ist. Er bewegt sich hier nicht in den üblichen Allgemeinsätzen; wer die einzelnen Sprüche in Kap. 7 gesprochen hat, der hat etwas Bestimmtes zu sagen gehabt, nicht nur ganz allgemein die Sünden der Väter gescholten, wie R^C es sonst meistens tut. Der Geist Jir.s ist in C nicht völlig verloren gegangen. Als Quelle der Kenntnis zu der Verkündigung Jir.s ist also C nur mit Vorsicht zu gebrauchen. Authentische Kunde kann er nur dem Sinne nach, und das auch nur gelegentlich, geben. Er kann uns zum Teil die Ansichten Jir.s geben, uns die Tatsache vermitteln, daß Jir. über Juda und die Könige geweissagt, die Eroberung der Stadt und das Ende des Königtums Sidkîjas vorausgesagt hat, daß er den Bamakult und die Abgötterei angegriffen, die dingliche Auffassung des Opferkultes verworfen und stattdessen die ethischen Forderungen der Religion vertreten hat; wie er das alles aber getan hat, das lehrt uns C nicht; von dem Menschen und Propheten Jirmĕjâhû, von seinem Wesen und Charakter, von seinem Ringen und seinem Leiden erfahren wir aus C nichts. C ist im großen ganzen nur eine Quelle dritten Ranges.

Was D betrifft, so brauchen wir hierüber, denke ich, nicht viele Worte zu verlieren. Wir haben gesehen, daß D eine ursprüngliche anonyme, erst später für jirmejanisch ausgegebene und in das Buch des R^J hineingeschobene Orakelsammlung ist. Die einzelnen Stücke dieser Sammlung scheinen aus sehr verschiedenen Zeiten zu stammen; 30,18 ff. ist nicht älter als das Exil; die Stadt und der Palast liegen noch in Trümmern, die Einwohnerzahl ist gering, einen König haben sie nicht, die »Versammlung Jacobs« besteht nicht, das Volk lebt in der Welt zerstreut — das alles paßt noch besser für die nachexilische als für die exilische Zeit; es ist beachtenswert, daß vom Nichtvorhandensein des Tempels nichts gesagt wird. Die Grundlage von Kap. 31, den jetzt überarbeiteten Weissagungen über die Wiederherstellung Nordisraels, muß doch aus einer Zeit stammen, als die Katastrophe noch in frischer Erinnerung war und noch ein Problem, eine religiöse Prüfung der Zurückgebliebenen bildete, als noch das religiöse Bedürfnis solcher Trostweissagungen vorhanden war; ohne dieses Bedürfnis entstehen die Weissagungen nicht und werden nicht überliefert. Meiner Ansicht nach sind diese Weissagungen viel älter als Jir. Da aber D ursprünglich gar nicht jirmejanisch sein will, brauchen wir die Frage der »Echtheit« gar nicht zu diskutieren; man hat einfach kein Recht, die Frage aufzuwerfen; denn wie viel die »Ansichten«, d. h. die Ratungen, der späteren alttestamentlichen Redaktoren wert sind, das wissen wir schon lange.

Dasselbe wird auch vom Anhang I Kap. 46—51 gelten müßen. Wir sehen deutlich, wie die ursprünglich anonym umlaufenden Orakel sich an eine sicher nicht jirmejanische Ursammlung anhängen und erst durch die falsche Auffassung dieser Sammlung »jirmejanisch« werden; ja, es ist sogar noch möglich, daß 51,59—64 der letzte Zusatz zu der ganzen Sammlung, noch später als die Verknüpfung des Anhangs mit dem Buche Jer. ist, und daß somit auch die Ursammlung Kap. 50f. eine Zeitlang anonym gewesen ist. Die Möglichkeit, daß die »Tradition« oder vielmehr Ratung über den jirmejanischen Ursprung der übrigen Fremdenorakel richtig sei, ist somit meines Erachtens so gering wie nur denkbar. Es liegt im Wesen dieser Orakel, daß eine bestimmte Datierung aus ihnen selbst heraus nur in ganz vereinzelten Fällen möglich ist. Sie sind meistens *typisch*, nicht individuell gestaltet, was einfach aus der Erkenntnis folgt, daß die meisten Orakel nicht vaticinia ex eventu sind; da das Divinationsvermögen der damaligen Zeit natürlich nicht größer als heutzutage gewesen ist, so *müssen* die Propheten sich meistens mit typischen Schilderungen der kommenden Katastrophen begnügen; in welchem Grade diese Schilderungen von der Tradition bestimmt sind, hat GRESSMANN gezeigt[1]. Ein Orakel wie z. B. 47,1—7 kann jedesmal, wo ein Heer die palästinensische Küste entlang heranrückt, gesprochen worden sein; und daß die älteren Orakel sehr häufig wiederholt worden sind, zeigt Kap. 48 verglichen mit Jes. 19, oder noch besser zeigen es die vielen Orakel über Edom, die fast alle in irgendeinem Verwandtschaftsverhältnis zum Buche Obadja stehen. Nur von 46,2—27 läßt sich mit Sicherheit behaupten, daß

[1] Ursprung der israelitischen Eschatologie (in GUNKELS und BOUSSETS „Forschungen"), Göttingen 1905.

es in die Zeit Jir.s gehört; als ursprünglich anonym braucht es aber deshalb nicht von ihm zu sein. Von Jir. müssen wir im allgemeinen sagen, daß er, der nicht Nabi aus Geschäft, sondern in Geist und Wahrheit war, der als eine unübersteigbare Mauer dem eigenen Volke gegenüberstand und ihm überall Trotz bieten mußte, weil das verheerende Feuerwort Jhwh's in ihm zu mächtig war, der sich dieser furchtbaren, ihm nur Feindschaft, Verfolgungen, Leid, Vereinsamung einbringenden Pflicht nicht entziehen konnte, auch wenn sein Herz darunter blutete — nicht konnte, weil Jhwh ihn immer aufs neue »verführte«, wie der Jüngling seine Geliebte «verführt« —, der immer und immer die Unheilsweissagungen, unter denen seine ganze Natur als Judäer wie unter Peitschenhieben zuckte, gegen das eigene Volk und Vaterland hervorbringen mußte, und dem Jhwh sogar verbot, Fürbitte für dieses Volk einzulegen, — ein solcher Mann hat sich in erster Linie nur mit seinem eigenen Volke und den Aufgaben, die es ihm darbot, abgegeben; er hat nur dann über fremde Völker prophezeit, wenn das Schicksal Judas mit ihnen verbunden war, wenn die Haltung des eigenen Volkes in der ihm angehenden religiösen Frage in deutlichem Zusammenhang mit der Politik des Auslandes stand, wie es in Kap. 25 und 27 oder 43 der Fall ist. Orakel wie die meisten der Kap. 46—51, die dem judäischen Nationaldünkel sehr angenehm und schmeichelhaft sind, hat er sicher nicht gesprochen. Nur bei 46, 2—27, dem Orakel über Ägypten, und vielleicht bei 47,1—7 besteht die Möglichkeit einer jirmejanischen Abfassung als einer neben hundert anderen. Wenn diese beiden Orakel in dem ersten Teile des Buches Jer. stünden, würde ich persönlich gegen den jirmejanischen Ursprung nichts einzuwenden haben; jetzt sehe ich keinen Grund ein, ihn zu behaupten.

Da diese Abhandlung die Frucht eines unfreiwilligen Otiums im Sanatorium ist, hat mir von der einschlägigen Literatur nichts zur Verfügung gestanden. Ich habe daher keine Hinweise machen können. Deshalb ist es wahrscheinlich, daß ich einiges schon früher Gesagte wiederholt habe. Der Fachmann wird aber wissen, was alt und was neu ist; für den Nichtfachmann, der die Hinweise so wie so nicht nachschlägt, ist es ziemlich gleichgültig. Wo man wissenschaftliches Allgemeingut zum x-ten Mal wiederholen muß, um auf die altbekannten Tatsachen neue Schlüsse aufzubauen, sind die Literaturhinweise überflüssig. Von den wenigen, die die Komposition des Buches Jeremia behandelt haben, hat vor Allen DUHM wertvolles geleistet. ERBT: »Jeremia und seine Zeit« ist mir nicht zugänglich gewesen. Bei dieser Gelegenheit muß ich aber den Namen HERMANN GUNKEL ausdrücklich nennen. Er hat zwar meines Wissens nie die Kompositionsfrage behandelt. Aber die Erkenntnis des Wesens der prophetischen Orakel und der stilistischen Unterschiede in den Prophetenbüchern, auf die ich z. T. meine Kritik gegründet habe, verdanke ich in erster Linie ihm, ursprünglich indirekt durch Anregungen seines Genesiskommentars, später direkter und tiefergehend, teils durch seine obenerwähnte glänzende Skizze der israelitischen Literatur, teils durch seinen nicht weniger geistvollen und anregenden mündlichen Unterricht. Ohne diesen letzteren wäre dieser Aufsatz sicher nie geschrieben worden.

Abgeschlossen im August 1913.

Berichtigungen.

S. 4, Z. 17 v. o. statt „Untersuchung“ l. „Unterscheidung“.
S. 4, Z. 16 v. u. „aus einen Guß“ l. „aus einem Gusse“.
S. 6, Z. 4 v. o. l. „dieselben formellen und stilistischen“.
S. 8, Z. 11 v. o. „sonst“ l. „den“.
S. 9, Z. 16 v. o. l. „Zusammenstoß mit dem Nabi Ḫ.“
S. 14, Z. 4 v. o. „Kap. 28—43“ l. „Kap. 28. 43“.
S. 16, Z. 14 v. u. l. „Jes. 21,1—11 und 13—14“.